天下文化

BELIEVE IN READING

台灣經濟奇蹟的奠基者

尹仲容

葉萬安 著

出版者的話

以「生命透支」加速台灣「經濟起飛」

——尹仲容的典範

高希均（遠見・天下文化事業群創辦人）

台灣經濟發展初期（一九五〇～一九六〇初），如果沒有尹仲容大刀闊斧的「勇敢」改革，以健康做賭注的「生命」奉獻，就不會有以後台灣快速的經濟起飛。

可惜，我在當時（一九五四～一九五八）台中農學院農經系讀書時，令我仰慕的前輩，如胡適之、蔣夢麟、尹仲容等，都未能有機會聽過他們的演講，看到他們的風采。他們三位分別在一九六二、一九六四、一九六三去世。幸靠閱讀他們的著述，稍增對他們貢獻的瞭解。

自己於一九五九年九月赴美讀書，五年後（一九六四）的秋季開始在威斯康辛大學經濟系執教。從一九六九年暑假起，受到經合會秘書長李國鼎邀請，返台擔任經濟顧問，因他曾看過我寫的《經濟發展導論》小書，詳見書末之〈跋〉（頁三〇七至三一二）。

尹先生自一九五〇年代起，十餘年中曾擔任過財經要職，主管外匯、美援、金融、貿易、經濟等領域。於一九六三年去世時（不足六十歲）立刻獲得了各方稱讚：「台灣經濟的領航人」（李國鼎語）、「台灣工業之父」（王作榮語）、「民營工業之父」（王永慶語）、「三不怕：不怕圖利他人、不怕多做多錯、不怕丟烏紗帽」（辜振甫語）。另有專家學者歸納他的一生言行稱為「尹仲容作風」、「尹仲容精神」。

即使尹先生去世整整六十年，很多人還記得他「圖利他人」的膽識。資深記者沈珮君在聯副「他鄉．故鄉」專欄中，發表了感人的長文：「親愛的尹仲容先生」（二〇二〇年一月十九日上中下三篇）。結語中寫著：「只要我們真心『圖利他人』，你便活著。我在紡織廠長大，我家三代因你而改變命運，我父母都失學，但我們來台第二、三代都受了完整教育，八個人有五個碩博士，長期捐款給台灣家扶及非洲貧童。不論官場有沒有尹仲容，不論人家是否記得尹仲容，只要曾受惠於你的，繼續『圖利他人』，親愛的尹先

一九五四年十月二十一日
時任經濟部長的尹仲容。
（圖片來源：中央社）

一九九六年四月十四日～
四月十七日西安交大「兩
岸優勢互補學術 共同發展
經濟」研討會上，葉萬安
發言。

生，我們就有更多尹仲容。」

跟隨尹先生十餘年的本書作者葉萬安（大家都尊稱為「萬老」），和他工作時就強烈地感染到「尹仲容文化」，他急切地修改舊政策，推動新政策，並且提倡「多做事不怕錯」。這正就是為什麼這本新著取名為《台灣經濟奇蹟的奠基者　尹仲容》。

前台大校長孫震則形容他當年的同事「萬老」為：「台灣經濟自由化的大功臣」。自一九九〇年代後，我和萬老曾一起共赴大陸西安、南京等地參加過兩岸經貿研討會。

這位近九十八歲的大功臣，以綜貫全局的架構，清晰的思維，如數家珍地記述了七十年台灣經濟發展的脈絡，一筆一字的寫成這本書，真是他一生中的另一個貢獻。

推薦序

台灣經濟奇蹟中的尹仲容楷模

石齊平（鳳凰衛視資深評論員）

我的長官，備受各方，尤其是經濟政策界敬重的葉萬安先生，以九十八高齡，為他的長官，堪稱台灣近代經濟發展之父尹仲容先生，撰寫了一本近似回憶錄、內容卻相當於台灣戰後初期經濟發展史的文獻——《台灣經濟奇蹟的奠基者 尹仲容》。

尹仲容，這位現在多數台灣年輕人感到陌生的偉大人物，應是台灣有史以來經濟現代化第三階段（3.0）的奠基者。

台灣經濟現代化的第一階段（1.0），始於清末台灣首任巡撫劉銘傳，他在一八八五年台灣建省後駐台，至一八九一年卸任，之後又有三任巡撫，至一八九五年中日甲午戰爭馬關條約將台灣割讓給日本。四任巡撫前後十一年治台期間，台灣無論從基礎建設到典章制度到與中國大陸的各種聯結，幾乎都是從零開始，卻都發展快速，短短十年左右，包括鐵路、電訊、油氣開發等都已在全中國範圍內取得領先地位。

一八九五年日本殖民台灣，除了初期鎮壓台灣百姓、後期強制皇民化之外，各種生產、建設乃至地政、戶政制度的建立等，並未受到太大影響，可視為台灣經濟現代化的第二階段（2.0）。

一九三一年日本發動侵華戰爭，一九四一年日本偷襲美國珍珠港，日本先後與中、美開戰，在日本殖民下的台灣自然受到牽連波及，尤其在一九四五年二戰結束，日本投降前的最後期間，農、工生產與基本設施均受到極嚴重破壞，以致一九四五年台灣光復、回歸中國初期，台灣農、工生產和交通運輸營運價值，不及日據時代最高產值的四〇%，這也正是台灣戰後經濟發展的始點。被一眾老友、同事、晚輩暱稱為「萬老」的葉萬安先生，一九四八年大學畢業後即自大陸來台，在當時台灣的主力產業台糖公司工作，萬老當時的長官是經濟研究室主任潘鋕甲先生，也就是擔任潘先生的助理。

一九四九年中，中央政府尚未遷台，先成立台灣區生產事業管理委員會（簡稱生管會）統籌管理台灣所有之國、省、民營生產事業。生管會主任委員由省主席陳誠兼任，設常務委員八人，尹仲容先生即八位常務委員之一，不久後升任副主任委員，實際負責推動生管會業務。尹為了解整體經濟情況，需蒐集資料作各種分析，乃徵調台糖經濟研究室前主任潘鋕甲為其助理，於是萬老就成了尹仲容助理的助理。因此因緣，萬老親身參與、親眼目睹了台灣戰後初期從篳路藍縷到自立自強，再到創造經濟奇蹟的全過程，而這個全過程奠基開創階段的核心人物，即是萬老這本書的主角尹仲容先生。

所謂經濟奇蹟，意味著是起始點極差，成果卻是極佳，二戰之後，能當得起此一佳譽者唯台灣而已。台灣所以能創造出經濟奇蹟，客觀來看，主要原因有四：

（一）人才。尤其是一大批因政局動盪隨國民黨政府來台的精英人才，這些人才廣泛散布在軍、公、教、商及文化等各領域，從方方面面帶動了台灣的現代化進程。這其中，又以在政府部門擔任決策、負責執行的高水平官員起到了最關鍵作用，作出了最關鍵貢獻。這在萬老的書中，字裡行間，娓娓道來，讓人印象深刻。當然，就經濟政策、經濟改革這部分而言，尹仲容無疑是當時代的領軍與核心人物，這在本書最後一章（第八章、身後哀榮）中有詳盡的記載描述，見證了當時台灣朝野，上至老蔣總統、陳副總統，下至社會各界、一眾百姓對尹仲容去世後的哀悼與追思。

（二）經濟體制。任何一個經濟，表現之良窳，核心關鍵除了人才，就是體制，當然兩者又互為關聯。體制如何設計與選擇，計畫與市場之間如何權衡，公營民營之界線如何拿捏，學理與現實之間如何兼顧，在在考驗決策者之智慧與決斷，能思想解放、不拘一格，又能化解改革阻力、擇善力行，極為不易。台灣最終能在計畫與市場間游刃有餘，在公營民營間恰如其分，當時一眾財經官員與經濟學者專家的素質水平功不可沒，貢獻至偉，當然，其中最關鍵的靈魂人物之一，也是尹仲容。

（三）美援。在這裡，主要指的是美國的經濟援助。戰後初期，大約自一九五一至一九六五年期間，台灣前後一共接受了十五億美元的經濟援助，每年平均一億美元，這在當年可是相當可觀的金額。美援重要，但善用美援同樣重要，為妥善運用美援，特別成立了美援會，尹仲容也在其中一段期間擔任副主任委員，負實際主持之責，對當時的經濟政策之設計、經濟計畫之研擬與各種資源的妥善配置運用，都作出了重大貢獻。

可以看到，從一九四九年成立生管會，尹仲容開始參與並負責經濟建設重任開始，一直到一九六三年一月二十四日尹仲容因勞累致死為止，尹仲容始終都在戰後台灣經濟建設的第一線，不辭辛勞、任謗任怨的投入工作，除了專業學識能力受人敬重外，尹仲容還有著極不一般的行事風範與人格特質，甚至還有一種讓其他同仁及其部屬被其感召追隨其任事忠勤的特殊魅力，以致於帶動了整個財經班子的積極性，維持長久而不衰。作為尹仲容部屬的萬老及其同一輩的官員，甚至作為萬老部屬的我那一代的公務員，都還能強烈感受到此等職場遺韻，令人緬懷不已。

《台灣經濟奇蹟的奠基者　尹仲容》，萬老這本為尹仲容先生寫的「回憶錄」，應可為台灣戰後初期經濟發展的艱辛歷程，以及在此基礎上締造之蜚聲國際的台灣經濟奇蹟，留下一個珍貴的註記。

自序

中華民國發展史不能沒有尹仲容的事蹟

二〇二二年秋有位晚輩，帶兩位年輕朋友來訪。他倆提起常聽長輩說，早期台灣經濟極為困難，在尹仲容先生大力改革下，創造了良好的投資環境，使他們父祖輩能從小本經營的小企業，逐步壯大，現都變成跨國的大企業了。他們稱讚尹先生是中華民國的歐哈特（Ludwig Wilhelm Erhard），台灣經濟發展的領航人。可是尹先生究竟克服了哪些困難？推動了哪些改革？獲得那些成就？被稱為「中華民國的歐哈特」是代表什麼意義？他們長輩也說不清楚。

晚輩問我說，您在一九五〇前後即追隨尹先生工作，應對尹先生很有瞭解，而且您是碩果僅存者，請教您給我們說個清楚，不僅讓我們對台灣經濟發展過程有所了解，更可作我們尤其當今政府官員的典範。

尹先生離我們而去，正好六十年，還有年輕人關懷他，想了解我所尊敬的老長官有關事蹟，特登門來訪，在當今真是一樁難得的事，我遂一一道來。首先就台灣在二次大戰末期遭盟機猛烈轟炸，損失慘重，因而在光復初期台灣遭遇極大困難，尤其在經濟建設方面面臨崩潰邊緣。繼之，就政府所採因應對策、所獲成就，以及尹先生在其中扮演的角色，就我親眼所見、親自參與和所了解的情況，詳細暢述，足足講了兩小時。兩位年輕人及我晚輩聽後，滿足的辭謝，離去。

最近讀到張作老（錦）送我的他的新作《今文觀止》，實際上他的大作在《聯合報》副刊發表時我都讀過，可是把它彙集起來，再細讀一遍，情況不同。誠如遠見．天下文化創辦人高希均教授，在該書出版者的話中所寫的「此刻我再貫穿起來，細讀一遍，依然熱血沸騰，思潮澎湃。年輕讀者就可想到，經過時間洗鍊，尚能活存的歷史文章，它的感染力依然可以那麼地強烈感人。」

同時，讀到作者在扉頁，為什麼要寫《今文觀止》中，提到「古文觀止選文只到明末……，近代有近代史的事，有近代的文體，允宜有人爬梳選擇，將這段時期有價值的文章、有歷史性的人物，介紹給大眾。……尤希望年輕讀者能從中多了解一些故實，知道社會是如何變遷演進的。」

再讀到洪蘭教授為《今文觀止》所寫的序文，她開宗明義就寫「人物是歷史的靈魂，是他們創造了歷史。但是現在學校教的近代史不但內容少，裡面人物更少，除了名字，沒有介紹他們的生平……，講起來，我們的近代史有讀跟沒讀，沒什麼差別，很是可惜。」

我讀到三位的文章，真有醍醐灌頂之感。尹仲容先生在台灣經濟面臨崩潰邊緣，百廢待舉中，穩定了大局，開創了未來，而且他的許多部屬，如李國鼎、王作榮、費驊、張繼正等等，甚至不是他的部屬，如當年台電公司總工程師孫運璿及中本紡織公司總經理趙耀東等，因得到尹先生大力支持，使其工作順利展開。大家都直接受到「尹仲容作風」及人格特質的感召，無不奮發努力，為國為民謀取最大利益，開創我國近代史被國際間譽為經濟奇蹟，而尹先生應是經濟奇蹟的奠基者，故中華民國的歷史不能沒有他。綜觀全國，如今在台灣追隨尹先生早期共事的，我是唯一生存者。我有責任、有義務，將尹先生的生平事蹟，文章詳細記錄下來，遂撰成此書，以對歷史作交代，也讓年輕讀者能從中了解台灣近代經濟社會是如何變遷演進的。

我要感謝經建會老同事，後轉任海基會首任副祕書長，現任香港鳳凰衛視資深評論員的石齊平先生，為本書撰寫推薦序，為本書增添光彩，是作者的榮幸。還有資深媒體人《聯合報》前副總編輯、現為自由作家沈珮君女士及經建會老同事呂惠恕先生對本書初稿，提供許多寶貴建議，感激之至。

遠見・天下文化事業群創辦人高希均教授，欣然接受本書出版，並為本書撰寫〈出版者的話〉及〈跋〉，是本人的榮幸，萬分感激。總編輯吳佩穎、副總編輯郭昕詠、主編張彤華、封面設計張議文及有關同仁，為本書的出版事務付出很多心力，深表謝意！

本書封面「尹仲容」三字，蒙名書法家杜忠誥大師賜字，蒼勁有力，充分展現尹先生具有「剛正之氣」的精神，為本書增添光彩，至深感激。

葉萬安

二〇二三年十一月十五日

目次

第二章　尹仲容全力推動工業發展 041

第一章　驚濤駭浪中穩住陣腳

一、二次大戰末期，台灣重要建設遭受重大破壞

台灣地區受日本占據五十年，日本為有效控制台灣，進行了交通運輸建設，同時日本政府採取「工業日本、農業台灣」政策，所以在台灣著重農業建設，早期工業則以食品初級加工業為主，及至第二次世界大戰爆發，為配合戰爭需要才建設重化工業。但因遭受盟機的猛烈轟炸，重要農工建設及交通設施遭受嚴重破壞。致光復後第一年（一九四六年），農工生產及交通營運量不及日據最高時期的四〇%❶，即六〇%遭受破壞不堪生產及營運。其中尤以電力及製造業受創最為嚴重，在日據時期電力裝置容量為三十二萬瓩，但光復初期能發電者僅五萬瓩，製造業生產附加價值，亦僅相當日據時期二一%，可見破壞之慘重。

在製造業中占重要地位的製糖工業而言，我在一九四八年來台，先在台糖公司工作，了解日據時期原有製糖工廠四十二所，在光復時僅有八所倖免於難或受傷輕微，其餘三十四廠，受創慘重，即使受創輕微各廠，亦停工多年無人照料，鏽跡斑斑，極其破舊，不堪使用。加以戰爭末期以糧食生產為重；因此，製糖原料的甘蔗種植面積銳減，致產糖量自日據最高時期一百四十二萬公噸，光復初期驟降至三萬一千公噸，可見損失之大。

再加以在日據時期，許多建設的技術及管理階層，皆為日本人擔任，戰爭結束，日本人被遣送回國。以致當電力公司日本技術人員被遣送返國，其中有日本技術人員稱，三個月後台灣將變成黑暗世界。言下之意，我們日本人走後，諒你們中國人不僅不能將已遭受破壞的電力設備修復，甚至當時還可運轉的設備，在日本技術人員走後，你們中國人將無法操作運轉，而成為黑暗世界。這雖是譏諷的話，但也顯現當時問題之嚴重。

至於交通運輸建設更殘破不堪，鐵公路無法全線通車，二戰時基隆、高雄港因怕盟軍登陸，日軍自行炸毀船舶封港。農業一方面缺乏肥料，另一方面年輕農民被徵去服役，缺乏農民種植，農田荒廢，整個台灣社會一片蕭條慘象。

二、台灣光復初期的艱苦奮鬥

（一）台灣光復初期經濟已面臨崩潰邊緣

台灣光復初期生產凋零，物資極端缺乏，而大陸局勢迅速惡化，兩百萬軍民來台，使台灣人口自六百萬人劇增至八百萬人，需要激增，物價飆漲，台灣物價再受大陸惡性通貨膨脹的影響，民不聊生，加以財政預算鉅額赤字，外匯存底枯竭，失業問題嚴重，台灣經濟已到了崩潰邊緣。

茲就我親自經歷及所了解的情況，舉三例以說明當時問題之嚴重。

1、物價飆漲，形成惡性通貨膨脹

我是一九四八年來台灣，住台糖公司單身宿舍，自組伙食團。公司每月五日發薪水，大家拿到薪水後，即刻將當月伙食費交給伙食團負責同仁，讓他很快去市場買當月所需的米糧、油鹽及食品罐頭等，否則第二天去買價格就漲了。

單身宿舍住的大多都是年輕的，飯量很大，菜都不夠吃，除自備醬菜外，有時同桌同仁會集資煎荷包蛋加菜；我記得當時一個雞蛋不到舊臺幣六十元，但到一九四九年六月幣制改革前漲到七千一百元，一年漲到一百二十五倍；白米價漲得更兇，近兩百倍。當時一斗米價高達二十五萬元，我曾想寫一篇文章，題目定為「一粒米多少錢？」因為我想一斗米不可能有二十五萬粒，所以一粒米應超過一元，米價可按粒計算，這是多麼嚴重的物價問題。於是我向伙食團負責人商借四兩米來數數看有多少粒，他問做什麼用，我說寫文章。他把我教訓一頓，現在人心已不穩，你再寫這種文章，更擾亂市場與人心，讓人懷疑你是匪諜，打消了我的想法。

就當時台北市零售物價指數看，一九四九年六月較一九四八年六月上漲一百〇七倍，一九四九年六月再與一九四六年十二月比較，兩年半間暴漲一千兩百八十九倍❷，同時期薪資絕對不可能增加這麼多倍，大家拿到薪水絕大部分都用在食的方面，生活極端清苦，真正陷入「民不聊生」的情境。

2、外匯存底枯竭

一九四九年六月幣制改革時，臺灣銀行向中央銀行商借的一千萬美元之外匯（見後文所述），很快用完，臺灣銀行外匯存底不僅用光，而且積欠外國銀行一千〇五十萬美元。臺灣銀行開出的信用狀（L/C），已被外國銀行拒絕接受。

一九五〇年初，臺灣銀行為因應春節需要，估計需借五十萬美元，向國外往來銀行商借，沒有一家銀行肯借。臺灣銀行不得已向當時陳納德將軍（Claire Lee Chennault，抗日期間飛虎隊創辦人）所主持的民航空運公司（CAT）借得五十萬美元[3]，度過年關，可見當時外匯極度短缺之窘迫。

3、製造業嚴重落後

光復初期，台灣製造業除製糖及食品加工業外，其他製造業極端落後。我常舉我親自用的兩種產品為例，一是不應搖頭的，卻搖起頭來，另一是應該搖頭，卻不會搖頭。前者是電燈泡，當時台灣所生產的電燈泡品質很差，用了幾個星期，鎢絲就斷了，再換電燈泡，把壞電燈泡取下時，玻璃球與銅頭脫離，玻璃球搖起來了，必須拔掉插頭，將玻璃球用力摘下，再用老虎鉗將銅頭轉下，才能換新的電燈泡。

應該搖頭的它不搖頭，是電風扇，當時台灣電器市場有兩種電風扇出售，一種會搖頭的，是自大陸進口的很貴，買不起；另一種是本地生產的不搖頭電風扇，價格比較便宜。我因公餘晚上要看書，宿舍又悶熱，我買了檯燈（因當時缺電，宿舍房間只用五燭光的燈泡，無法看書，所以我買檯燈可用五十燭光）及不搖頭電風扇。雖然吹得很涼快，但有一天比較年長的同事來看我，看到我吹不搖頭電風扇，他警告我說，這種電風扇吹不得，直接對身體某一部分吹，吹久了會腰痠背痛，且治不好，你應該每十五分鐘把它搬動換一個方向，這樣可避免對身體某一部分吹太久。

我謝謝他的好意，可是那幾天晚上，我不時的看鐘，到十五分鐘我就去搬動電風扇，書無法安心看下去，可見當時工業落後之程度。

當年台糖公司因砂糖外銷，待遇算是最好的之一，又有宿舍可住，我又是單身，每月薪水除交伙食費外，很少有其他開支，也只能買一台不搖頭的電風扇。但社會上更多有家眷的人，上有父母、下有子女，一家五、六口，甚至七、八口人家多的是，如服務單位沒有宿舍，還要租屋，其窮困情況之嚴重，非我等單身同仁所能想像。失業者的家庭其痛苦情況，更非筆墨所能形容。

（二）政府的因應對策

台灣光復，國民政府派遣人員前來接收，面對此艱難困局，咬緊牙根、凝聚全體人民，團結一致共同努力，踏上堅苦奮鬥的征途。

1、積極進行復建工作

在當時資金、人力、物資極端缺乏的情況下，祇能採取拆東牆補西牆，拼合移湊的方式，因陋就簡的整修，先勉強恢復部分或少量的生產與營運為第一要務。如首先修復鐵公路設施，恢復交通運輸，打撈基高兩港沉船，修建碼頭，使對外交通恢復暢通。

同時在工業方面，以我所服務的製糖工業而言，首先動員糖廠農務人員，積極推廣種蔗面積，爭取製糖原料甘蔗的供應。同時積極修復可用的製糖廠，真是拆東牆補西牆的使部分糖廠恢復生產；另方面積極修復遭受破壞的運蔗鐵路兩千九百公里恢復運作。在生產恢復後，收入增加才有能力向大陸及國外購置所需器材，修復其餘製糖廠，至一九四七年修復可開工的製糖廠三十四所，產糖也逐步恢復增加。惟因耕地有限，人口增加，在種稻優先的壓力下，蔗田受到限制，產糖量未能恢復到光復前最高水準。

在人口大幅增加，生產逐步恢復後，最重要的是電力需要大幅增加，然光復初期中央派遣來台電的技術人員五、六十人，與遣返日本在台電服務的三千名日本技術員工及工頭無法相比。為解決台電人力極端不足問題，當時擔任台電公司機電處長的孫運璿，負責電力的修復工作。面對此艱困局面，臨危不亂，到台北工專、台南工專與校長商量，希望兩校提供三、四年級學生到台電公司服務，除領薪水外，台電還提供食、住。協商後兩校共派出三、四百名學生到台電工作。台電就在這少數技術人力及原有員工共同努力下，五個月修復八〇％，粉碎了日本技術人員「三個月後台灣一片黑暗」的斷言。

在農業方面，在二次大戰期間被日軍徵用的年輕農民，在戰爭結束後，未陣亡的年輕農民絕大多數回來，政府除積極恢復肥料生產，也大量進口肥料，逐步恢復農田的種植。

2、一九四九年進行重大改革工作

就整體而言，一九四九年是台灣在經濟方面推動重大改革的關鍵年，該年初陳誠就任台灣省主席，四月宣布在農業方面推動土地改革，實施三七五減租，六月進行幣制改革，同月成立「台灣區生產事業管理委員會」全力推動戰後重建及經濟發展工作。

至一九四九年台灣經濟仍以農業為中心，農業生產高占國內生產毛額的五〇％以上，農業人口更超過總人口的六〇％，故無論安定社會，改善人民生活，都有優先發展農業的必要。不過，工業應為未來發展的重點，而當時工業是以食品加工為主，故採取了「以農業培養工業，以工業發展農業」相輔相成的發展政策。

（1）實施農地改革

農業發展方面：當時分三方面進行，土地改革、農村社會建設及農業生產技術改良。

就土地改革而言，分三階段進行，即三七五減租、公地放領與實施耕者有其田。急迫的要減輕農民負擔，提高農民收入，增加農業生產先實施「三七五減租」。因在日據時期佃租都在五〇％以上；一個佃農把土地租來種植作物生產後，要將收穫量一半以上歸地主，剩下的不到五〇％，要花費在肥料、種子、勞力、資金，還要付利息，佃農幾乎沒有錢可賺，佃農生活極端艱苦，也無力改善生產技術，提高產量。一九四九年政府要改善農民生活，提高農業生產，先實施三七五減租，佃租由過去的五〇％以上減到三七・五％，過去的佃租是每年收穫量的五〇％以上歸地主，所以生產量增加，繳的佃租也提高。可是改革後是按一九四八年生產量的三七・五％計算佃租給地主，剩下的全部歸佃農所得。也就是以後每年佃農繳給地主的佃租是按一九四八年產量的三七・五％計算，固定下來。佃農不但第一年拿到六二・五％收穫量，第二年增產了，增產的部分全部是佃農的所得，所以農業增長很快速。然後實施公地放領，即政府將政府所持有的農地賣給佃農，其地價按一九四八年收穫量的二．五倍計算，分十年償還，換算為每年二五%，比地租還便宜，佃農當然踴躍購地。故農民願意投入更多人力從事耕耘，及生產技術的改進，以增加生產。最後（一九五三年）再實施耕者有其田。

（2）實施幣制改革

前文述及一九四八年六月至一九四九年六月，一年間物價飆漲一百〇七倍，已是惡性通貨膨脹，嚴重影響人民生活及經濟活動的運行。顯然物價狂飆飛漲，除物資供應不足及受大陸惡性物價膨脹影響外，人民對貨幣失去信心，應是最重要的關鍵。

處於此一局勢下，穩定物價實重於一切，而穩定物價必先建立人民對貨幣的信心著手。於是，在一九四九年初，當時台灣省政府財政廳長嚴家淦向省主席陳誠報告，舊臺幣無法維持，建議改革幣制，廢舊臺幣發行新臺幣。不過為爭取人民對新臺幣的信心，不能無限制發行，要有限額，也必須要有充足黃金或外匯做準備。當時限額發行新臺幣兩億元，需黃金八十萬兩做準備，但臺灣銀行金庫既無外匯，更無黃金。於是嚴家淦建議陳誠主席親自前往大陸杭州面見蔣中正總統，報告台灣為穩定物價，要實施幣制改革，為鞏固幣信，需要黃金作準備，請中央自大陸運台的黃金支援，獲得蔣中正總統同

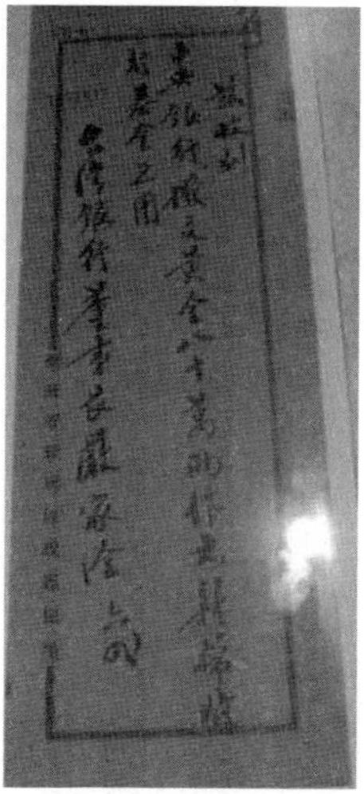

當年台灣省財政廳長兼臺灣銀行董事長嚴家淦向中央銀行領取的80萬兩黃金收據印本。
（作者提供）

意。

當中央政府立即撥給八十萬兩黃金，作為發行新臺幣的十足準備，並另借外匯一千萬美元，供進口調度之用。於是臺灣在一九四九年六月十五日實施幣制改革，廢除舊臺幣發行新臺幣，而且是限額發行，當時額度是新臺幣兩億元，並成立新臺幣發行監理委員會，邀請民意代表主持，每月底檢查發行額及黃金存量並公告，以取信於民。

當時訂定舊臺幣四萬元兌新臺幣一元，有收縮通貨的效果，同時新臺幣五元兌一美元，脫離與大陸金元券的掛鉤，避免受大陸惡性通貨膨脹的影響；而且發行新臺幣兩億元，折合美金四千萬美元，而八十萬兩黃金以當時國際行情，值四千四百萬美元，所以新臺幣是一一〇%的超額準備。

若僅改革幣制而不採取有效配合措拖，其效果將有限。因此，除積極推動重建工作，恢復生產增加供應外，臺灣銀行創辦高利率存款及黃金儲蓄存款以資配合。高利率高到什麼程度？現在卡奴向銀行借款的年利率是一八％，已高得驚人，而當時優利存款一個月利息是七％，按複利計年息更高達一二五％。這種利率下的存款，存一百元，一年下來連本帶利是兩百二十五元，比現在卡奴的一八％，高了五、六倍。這些還不夠，還創辦黃金儲蓄存款，當時黃金一市兩是新臺幣兩百八十元，存款人每存入新臺幣兩百八十元，存滿一個月後就可以提領黃金一兩，後改為存入十天即可領取黃金。

當年我曾考驗存新臺幣是否真能領黃金，我曾想存新臺幣兩百八十元，但沒有能力，只存二十八元，一個月滿期，真領到一錢黃金，我高興得在臺灣銀行大廳跳起來大聲叫「新臺幣真能兌黃金」，這應是中國歷史上第一次。

當時大陸運來台灣的黃金，估計有三百多萬兩。透過臺灣銀行先後兌出約兩百多萬兩收回新臺幣五・六億元。臺灣銀行創辦優利存款吸收四・六億元，合計十・二億元，相當於一九五二年底新臺幣限內、限外發行額五・九億元的一・七倍，對收縮通貨及穩定物價產生積極作用。

此外，政府在財政收支方面，開源節流，降低財政赤字；在對外貿易方面，推動進口替代工業發展，縮減國際收支逆差，對穩定物價都能產生積極效果。

（3）成立「台灣區生產事業管理委員會」

台灣區生產事業管理委員會（簡稱生管會），因當年主管經濟的經濟部及資源委員會尚在大陸，即由新成立的生管會取代其管理在台所有國、省、民營生產事業。

生管會主任委員由省主席陳誠兼任，設常務委員八人共同推動業務，尹仲容先生即八位常務委員之一，不久後升任副主任委員，實際負責推動生管會業務。至於生管會成立後的業務推展，詳見下一章。

第二章 尹仲容全力推動工業發展

一、生管會[4]時代

尹先生接任生管會副主任委員，負實際責任之時，正面臨經濟崩潰邊緣。他認為生管會成立的目的在管理生產事業，無法解決面臨經濟問題，必須從經濟的全面改造著手。於是尹副主任委員當機立斷，對生產事業處理，先採取下列兩項政策：

甲、凡從事生產國防需用物資、生活必需品、外銷產品及進口代用品之生產事業，不分公民營，一律給予原料、器材、資金及外匯等支應的便利，使其盡速恢復或擴大生產。

乙、凡產製非必要的消耗品，足以影響必需品正當供應的產品，及銷路無把握產品的生產事業，應予停止或限制其生產，但失業問題必須慎重考慮。

（一）動用外部人力，擴大任務

生管會名義上是管理生產事業，但實際上還包括物資分配、資金調度、對外貿易、日本賠償物資處理、技術合作及工程調配等工作。實是一個以全面經濟為對象的設計、規劃、決策及推動的機構。

生管會的內部組織極為簡單，設主任祕書負責一切內部事務。因尹副主委認為「國家太窮」（這是尹先生常講的口頭語），人員一定要從簡，在主任祕書下，設文書、議事與總務三組，任務雖重大，但全部職員僅二十多人，最多時未超過三十人。凡重要業務或特殊事項設專案小組處理，聘請外部人力擔任委員，負責研究討論，並做出負責任的建議，函請主管機關處理。實際上，生管會所有建議，主管機關幾乎都能有效執行。生管會成立的四年多期間（一九四九年六月至一九五三年八月），先後成立產業金融小組、電力小組、鐵路小組、公路小組、航運小組、糖業小組、糧食小組、對日貿易小組、機械小組、肥料小組、棉紡小組、藥品小組、紙業小組、器材小組、中日貿易物資督運小組等等三十多個小組。不過專案小組任務完成後即結束，或有承辦機構即由承辦機構接辦後結束。

所有專案小組委員，則動用外部人力，聘請相關事業負責人、主管機關主管、民意代表及學者專家擔任。而這些委員都在原機構支薪，為共體時艱，未在生管會支領任何薪酬。

至於尹副主委要了解整體經濟情況，要搜集資料作各種分析，也運用外圍人力。當時生管會在台北市漢口街台糖公司四樓辦公，與我工作的台糖公司經濟研究室同層樓。尹先生徵調台糖經濟研究室前主任潘鋕甲（係留美會計碩士）為其助理，幫忙搜集資料，並作各種財務及統計分析工作。潘先生是我老長官，邀請我兼任他的助理，於是我成為尹副主委助理的助理，都是義務職。

尹副主委為整頓艱困中的經濟，即以增加生產、促進貿易、開發資源、節約消費等四項為基本處理原則。尹副主委之所以如此節儉，只因「國家太窮」，尤其政府財政收支有鉅額赤字，生管會不能開源，必須要節流，以減輕政府支出負擔，緩和財政赤字的擴大，以配合幣制改革穩定物價，降低對通貨膨脹的壓力。前述尹副主委所決定處理生產事業的第一項政策中，促進外銷、推動進口替代產業，其目的在改善國際收支差額，亦在減緩對通貨膨脹的壓力。由此，顯現尹先生處理任何事物或業務，都顧及到經濟全面的發展。

（二）優先發展電力、肥料及紡織工業

生管會成立的各種專案小組，大都是救火隊性質，解決急迫面臨的問題。尹副主委了解生管會是臨時性組織，解決面臨的短期問題。但他考慮到台灣未來長期發展，率先做好奠基工作，於是他研究結果，優先發展電力、肥料及紡織工業。因電力是所有工業發展之動力，同時也是人民生活改善所必需。而肥料與紡織有關民食與民衣，皆是人民生活所必需，且需大量進口供應，是每年消耗外匯最大者（肥料及紡織品進口約占總進口額近三〇％）。即使原廠全部修復，也不能滿足需要，必須擴建及增建新廠，以替代進口，並為未來長期發展作準備。

1、優先發展電力

台電在修復原有設施同時，進行兩大新工程，一是完成烏來發電所，該發電所在日據時代即有規劃，但因戰爭敗退未能進行。當時台電研究即使所有原有發電所修復完成，也不能供應電力不斷增加的需要，於是規劃建設烏來發電所，估計進口發電機及有關設施需一百萬美元及新臺幣三百萬元，在當時是很大的金額，台電無法自籌，就報到

民國43年6月12日，尹仲容經濟部長主持台灣電力公司花蓮立霧發電所竣工典禮。台灣省主席嚴家淦（前排右2）、經濟部長尹仲容（前排右1），陪同卜蘭德（Joseph Brent）夫婦步出典禮會場。（圖片來源：中央社）

生管會電力小組研究討論，結論建議即刻進行，並函請臺灣銀行支援貸給台電，烏來發電所於一九五〇年建設完成供電。

當年台電規劃，除完成烏來發電所外，還規劃興建立霧及天輪兩水力發電所，因需資金龐大，經生管會電力小組研究討論後，因資金難籌，暫時擱置，待籌到資金再進行。

一九五〇年底美援恢復，生管會即商請美援當局大力支持，獲得美方同意後，台電即刻積極進行，至一九五三年生管會結束時，台電發電裝置容量已達三十六．三萬瓩，超過日據時代最高發電設備。

另一是完成橫貫中央山脈的東西聯絡輸電網建設，當時台灣東西兩部分電力各自獨立，但西部電力不足，而東部過剩。在孫運璿極力促成下，台電工程師及工人在森林蔽天，杳無人煙的深山裡，連路都沒有，要設置電桿架設電纜，甚至在三千兩百公尺的高山上，也架設了輸電鐵塔。這些鐵塔及電纜都是用人工揹扛上山，其艱苦情況可想而知，終於完成東西兩電力系統合而為一，成為一完整的電力供應網，充分供應全台電力的需要。因而使台灣的電力普及率，於一九六〇年代達到九九．七％，超越日本及韓國。

一九五三年，生管會結束，另成立經濟安定委員會（簡稱經安會），下設工業委員會，尹先生就任經安會委員兼工業委員會召集人，他運用美援大力支援電力建設。至一九六五年美援停止時，台電公司發電裝置容量增至一一八．六萬瓩，是光復初期的二十三倍。

2、優先發展肥料工業

台灣由於農田貧瘠，需要大量肥料補充養分，而日據時期日本採取「農業台灣、工業日本」政策，台灣肥料生產甚少，幾全賴自日本進口供應。光復後雖積極修護原有肥料廠，但所產肥料遠不足需要，需大量進口，消耗鉅額外匯。一九五〇年進口肥料所耗外匯達一千九百多萬美元，高占當年進口總額的一五．五%，此在當時外匯極度短缺下，實屬極沉重的負擔。

因此，除積極修復台灣肥料公司，及高雄硫酸錏公司原有遭破壞的設備外，將台灣肥料公司新竹廠（即現在的第五廠），原為日據時期尚未完工的電石廠，將其調整改為生產氰氮化鈣肥料廠，但需資金兩百五十萬美元，進口機器設備及廠房等建設需要，相當於一百萬美元的新臺幣，在當時是極大的金額，在生管會支持下籌得，而能在一九五〇年以十八個月內建廠完成。同時將花蓮鋁廠調整改為生產硫酸錏廠。此外，花蓮及基隆兩肥料廠，在美援支持下陸續完成❺。至一九五三年生管會結束時，肥料生產十六．三萬噸，是日據時期最高產量的四倍。一九五三年，尹先生就任新成立的工業委員會召集人，在他支持下，利用美援大力支持肥料工業建設，在一九六五年美援結束時，肥料生產已超過一百萬公噸，充分供應國內需要，促進農業快速增產。一九五三至六五年的十三年間，台灣農業生產平均每年增加五．一%，較全球農業生產每年增加二．五%高出一倍以上。

3、優先發展紡織工業

台灣在日據時期紡織工業除製作麻袋，以裝米、糖之用外，紡紗、織布工業全無基礎，全賴日本供應。光復後加以人口大增，衣料需要更多；因此，一九五〇年進口棉紗、棉布一千七百五十萬美元，占總進口的一四．三％，僅次於肥料為進口外匯的第二高位。尹先生鑒於紡織品是民生必需，花了鉅額外匯還不能充分供應需要，致使紡織品價格大漲，影響一般物價的穩定，有從根本解決之必要。於是他在紡織小組中，提出「進口布，不如進口紗，進口紗，不如進口棉花」的主張。但在小組會議，遭到許多委員的質疑，認為台灣不產棉花，又不產羊毛，而且台灣市場有限，一旦紡織品生產過剩，又無外銷能力，台灣實不具備發展紡織工業的條件。

尹先生獨排眾議，他分析日本不產棉花與羊毛，而紡織工業發展非常成功，其紡織品不僅充分供應國內需要外，而且外銷全世界，日本能台灣為什麼不能？他繼續說，大陸撤退來台的好幾家紡織廠，擁有大批紡織機，政府只要稍加幫助，花費也不大，很快就能開工生產。加以一九五〇年美援恢復，將其剩餘紗布援助我們，台灣要發展紡織工業，可請美方配合，改援助棉花，尤其在當時外匯極端缺乏的情勢下，以及失業率居高不下，尹先生堅持要優先發展紡織工業。在紡織小組會議中，經過熱烈的討論，最後大家同意尹先生的主張，將紡織工業列為優先發展的項目。

一九五〇年尹先生奉命兼任中央信託局（簡稱中信局）局長，即責成中信局執行發展紡織工業的「代紡代織」政策。所謂「代紡代織」是由中信局以融通周轉資金方式進口棉花，後來美援棉花亦交中信局併同處理。中信局將棉花提供給紗廠紡紗，紡紗好後，將紗交回中信局，中信局付給紗廠紡紗工繳費；中信局再將棉紗交織布廠織布，織布好交回中信局，中信局付給織布廠工繳費，中信局則按成本將棉布交給政府統籌分配。

此種以棉控紗，以紗控布的政策，對紡織業而言，其所需的原料，周轉資金與銷路問題，全由政府負責解決，業者獲取工繳費，亦即政府保證其獲得合理利潤。另方面政府為防止外來紗布傾銷，實施進口管制，自一九五〇年四月起嚴格限制紗布進口。

台灣紡織工業在政府高度獎勵與扶植措施下，迅速擴張，兩年間開工紗錠增加一．八倍，並奠定日後紡織工業進一步發展基礎。其後政府逐步撤除保護，一九五二年十二月取消代織辦法，一九五三年七月取消代紡，同時取消進口管制，使紗布市場完全恢復常態❻。尹副主委這種作法限期扶植生產事業發展，完成任務後，即時撤除，讓市場機能恢復運作，完全符合保護理論作為；不像有些國家一旦保護後，即無法撤除，反而影響市場機能運作及資源有效合理分配，阻礙經濟進一步發展。

結果台灣紡織工業快速發展，不僅充分供應國內需要，紗布價格回跌，對穩定物價發揮很大作用，而且於一九五六年開始外銷，十年後的一九六六年紡織品出口金額超過砂糖出口金額，紡織品成為我國第一大出口品，一直維持到一九八八年被電子產品出口金額超過，維持了二十三年出口第一產品。

七十年來紡織工業雖然一度被稱為夕陽工業，但紡織工業隨著技術的進步，不斷精進，加以台灣擁有化學纖維的優勢，創造了許多特殊功能產品。尤其台灣紡織工業上下游供應鏈非常完整，使得台灣今日在全球紡織品生產鏈上，仍占有重要的一席之地。

當年尹副主委強力支持電力、肥料、紡織工業優先發展，所獲成果豐碩：（1）由於生產增加，部分產品能充分供應國內需要，不虞匱乏。（2）創造就業機會，減輕失業壓力。（3）節省外匯支出，擴大外銷，改善國際收支。（4）由於此三業的快速成長，促進農工業發展及原有工業的修復，至一九五二年底，整體經濟生產已恢復到日據時期最高水準，加以美援物資的援助，物資供應充裕，通貨膨脹逐漸緩和，至一九五三年生管會結束時，台北市零售物價指數較上一年僅上漲四．五％，徹底解決了光復初期的惡性通貨膨脹問題。

（三）簽訂中日貿易協定

尹副主任委員在積極推動戰後重建及優先發展電力、肥料及紡織工業外，他考慮到台灣是一個海島，不僅資源缺乏，島內市場也狹小。為謀求日後經濟的進一步發展，必須要擴展對外貿易。

台灣在日據時期對外貿易以日本為主，出口產品為糖、米、鹽及香蕉、茶葉等為大宗。光復後，此等產品出口以大陸為對象，但大陸戰事節節敗退。尹先生於接任生管會副主任委員後，即考慮到一旦大陸失守，台灣如何展開對外貿易問題。一九四九年十月成立「日本貿易小組」，即著手搜集有關資料，提至「日本貿易小組」討論，並策劃與日本展開貿易談判事宜。因日據時代，台灣與日本貿易是殖民地對宗主國，而光復後是中華民國對日本，是國對國貿易；有關進出口程序及雙方進口關稅等規章制度，完全不同，必須雙方坐下來談，訂定一套完整的貿易協定，才能順利展開。

一九五〇年五月政府與日方商定，派尹先生以經濟部顧問名義，偕臺灣銀行總經理瞿荊洲飛往東京與日本商談簽訂中日貿易協定事宜。

當時日本是二次大戰的戰敗國，由盟軍占領，所以尹顧問在東京是與盟軍的美國代表為談判對象。尹先生赴日之前的一九四九年八月五日，美國國務院發表「中美關係白皮書」，排斥我國至為明顯，在這樣的背景下，商談的氣氛相當不友善，盟軍美方代表一意袒護日本，對我國代表多方責難，對尹先生的名義僅是經濟部顧問，不把他放在眼裡。

因為台灣極需一個貿易協定來打開對日貿易，因此商談期間，尹先生極力委曲求全，忍辱負重，一切以達成使命為目的。尹先生曾在美國工作五年，對美國人的特性有所了解，他知道美國人有崇拜強者的心理，如你能一拳將他擊倒，他反而視你為英雄。所以尹顧問不能一味的對美方代表忍讓，該強硬的時候要強硬，該爭取的地方要力爭。在商談時，只要對方提出問題，他會不厭其煩的分析、解釋，讓對方了解，若對方提出不當責難時，尹顧問會不留情面炮轟回去。

尹先生一再告誡自己「不要急，慢慢談」，他對合約中的一條一款、一句話，甚至一個用字都不放鬆，務求清楚明確，包羅詳盡。歷經三個月的折衝，貿易協定終於完成議定稿，包括財務協定、貿易協定、貿易計畫及償欠換文等四部分。他將議定稿傳回台灣，由經濟部會同台灣省政府審核後，再經行政院修正通過，指定尹先生為簽字代表，於一九五〇年九月六日尹顧問與日方盟軍代表在中日貿易協定上共同簽字，任務終於完成❼。此一協定對日後對日貿易快速展開貢獻極鉅。

（四）整頓國營事業

台灣在日據時期，稍具規模的企業多為日人經營，光復後由政府接辦，成為國、省或國省合營企業，統稱為「公營」。然絕大多數公營事業經營效率，無法與民營企業相比，這是大家公認的事實。

光復初期，台灣公營事業也不例外，在營業狀況好時大事擴充，雇用大量人員，一旦情況改變，業績下滑時，人事費用成為沉重的負擔，於是由盈轉虧，要求政府救濟。如國營的台灣碱業公司，二次大戰結束後，全世界燒碱缺乏，價格大漲，盈餘特多，大事擴充增雇雇人員。同時民間碱業公司紛紛設立，至一九五〇年供過於求，價格大幅下跌，國營的台灣碱業公司轉盈為虧，無法經營下去。尹副主任委員得知此事後，當機立斷調派化工專家台糖公司協理黃人杰為台碱公司總經理，並囑其大事整頓。

黃人杰就任台碱公司總經理後，研究發現唯一出路為裁減冗員三分之一約五百人，始有生機。然當時正是中央政府撤退來台，失業問題相當嚴重，如台碱裁員，將影響社會安定，任何人皆不願嘗試此一危險行動。但尹先生從整體格局考量，慨然負起全部責任，指示黃人杰總經理堅決執行。結果不出一年，台碱公司轉虧為盈，安然返回坦途[8]。

再就我工作的台糖公司而言，在戰爭期間遭受破壞極嚴重，但在全體同仁共同努力下，很快逐步修復，產糖量逐年增加，加以國際糖價高漲，出口外匯收入快速增加，自一九四八年的一千一百六十萬美元，至一九五〇年躍升到七千四百四十萬美元。在這期間各糖廠大事增雇人員，在不知不覺中全公司員工高達兩萬人。但一九五一年國際糖價大跌，使砂糖出口外匯收入降至五千兩百萬美元，台糖陷於困境。經檢討結果必須大裁冗員四分之一，高達五千人，公司正在猶豫難決間，生管會尹副主任委員挺身而出，告知台碱公司裁員成功經驗，並願負全責，指示台糖公司盡速執行，且將幾座不經濟的糖廠，如新竹糖廠等關閉。台糖公司在尹副主委大力支持下，整頓成功，成為國營事業中管理最佳的公司。

（五）推動民營事業發展

尹先生曾在美國工作五年，擔任替政府採購戰時物資工作，了解美國連軍工事業都是民營，而民營事業的效率確比公營事業高。因此，他主持的生管會，在推動復建工作時，凡符合前述政策條件者，不論公、民營一視同仁的全力支持，而且推動的新興事業，則以民營為原則。

前述尹副主任委員一手推動的紡織工業，絕大部分都是民營，當時雖有幾家公營，但後來不是結束就是轉為民營了。他在主持生管會四年期間，還扶植了許多民營工業的創立與發展，包括食品工業（如麵粉、榨油、味精、醬油等工業）、玻璃、純碱、人造纖維、木材、電器、鋼鐵等工業，贏得業者稱其為「民族工業鬥士」的封號。

其中值得一提的是，當時整體經濟情況不佳，民間即使有財力，要其投資生產事業的意願也不高，若不是尹副主任委員大力扶持，很多工業都無法建立。茲舉兩例如下：

1、玻璃工業

大陸耀華玻璃廠曾將其四套製造平板玻璃的設備，遷來台灣，但耀華玻璃廠只有少數股東來台，無資金購地建設廠房安裝。尹先生在兼任中信局長後，即責成中信局墊款購地建廠房，同時聘請窯業專家溫步頤主持建廠完成後，即邀請民間有資力人士陳尚文集資接辦成立「新竹玻璃公司」，中信局僅保留少部分股份，絕大部分股份，讓予陳尚文等❾。

有人認為政府辛辛苦苦建設的事業，為什麼自己不經營，要出售給民營？尹先生解釋：「民間資金和人才極為有限，不願作過大的冒險。政府有力量建廠或籌劃一個新事業，建成後售予民營，拿得來的錢再去辦新事業出售，這樣人民不致遭受創建新事業的種種困難與風險，民營事業才可以逐步發展起來⑩」。

2、純碱工業

台灣利源化工廠生產純碱，規模很小，不過是國人用自己技術發展而成的，由於在技術及經營上遭遇困難，可能倒閉。而純碱是製造玻璃所必需，且用本地食鹽製造；如利源化工廠結束，則剛建設的玻璃工業，必將進口純碱，故在當時外匯極度短缺的情況下，實不宜任其結束。

尹先生得知情況後，隨即責成中信局出手相助，聘請工程師李佑常前往該廠協助解決所遭遇困難，並加整頓。經過一番整頓後，不僅問題化解，而且玻璃工業不斷擴大，純碱需要大增，利源化工廠也隨之擴展，終於自立⑪。

中央信託局原是一個普通金融機構，兼營政府物資採購及進出口，一旦由尹先生主持後即變成協助經濟全面發展的開發銀行；而生管會在他主持下，自原來管理公民營生產事業的單位，變成全面性的經濟決策及推動經濟建設的機構了。

誠如李國鼎為紀念尹先生所撰寫的〈台灣經濟發展的領港人〉（登載於一九六三年二月二十五日《自由中國之工業》月刊），回憶生管會成立時，「台灣正是一島孤懸，危機四起，先生際此艱危時期，擔任生管會副主委，在地位上不過是一個地區機構的副主管，但因當時局勢動盪，許多建制機構遷徙未定，更有許多人抱著『且等塵埃落定』的態度，不願廁身於危險之秋。獨先生能夠挺身而出，毅然於大責自任，許多情勢，當機立斷，採取了若干重要措施，使局面完全改觀。」而且生管會是一臨時性組織，制度尚未建立，又無執行權，不過在尹先生「勇於負責」的精神溝通、協調下，所有建議都能落實執行，不僅使情勢轉危為安，更為日後經濟進一步發展，奠定堅實基礎。

二、工業委員會時代

一九五三年七月政府改組，撤銷生管會，另成立「行政院經濟安定委員會」（簡稱經安會），負責「經濟政策」研擬及有效利用美援作有計畫的經濟建設，研訂「經濟建設第一期四年計畫」任務。該會下設四組一會，一會即是「工業委員會」（簡稱ＩＤＣ），負責工業政策研究及研訂第一期四年經建計畫「工業部門」計畫及推動工作。工業委員會於同年九月一日成立，尹仲容出任經安會委員，兼工業委員會召集人，持續兼任中信局局長。

工業委員會下設四組一室，一室為祕書室，四組為一般工業組，李國鼎委員兼組長；化工組嚴演存委員兼組長；交通運輸組，費驊委員兼組長及財經組潘鋕甲委員兼組長。前三組負責個別計畫的設計規劃與推動，財經組分兩部分，一是財務分析，一是經濟研究，後者主持人為經濟學家王作榮，負責工業部門整體計畫設計，前三組所提個別計畫的彙總整合及為召集人撰寫重要工業政策有關的演講稿及報告。潘鋕甲組長徵詢我的意見，願不願意與他同往ＩＤＣ工作。

當時我是在台糖公司工作，由於工作努力，包括前一年在該兩年新進一百多位大學畢業生中，第一位升為代理副組長。不過不久後看到報載，考試院舉辦「國家行局儲備人員乙等特考（相當於高考）」，我就想如能透過該項考試及格，分發到中央銀行經濟研究處工作，參加貨幣政策研究，即可幫助國家經濟發展，實現我在學時注重經濟研究，希望畢業後能進入政府，以「經濟政策」促進國家經濟發展的志願相符合，遂報名參加；很幸運的以第二名及格，待中央銀行復業前往報到。但聽到潘先生說工業委員會的任務，邀請我參加，我想工業委員會是真刀真槍實際策劃工業發展的機構，正是我夢

1955年工業委員會召集人尹仲容與全體同仁合影。（圖片來源：翻攝自《早年之台灣》，嚴演存著）

寐以求的工作，欣然接受。但因台糖工作未完，延至一九五三年十二月前往工業委員會報到，派在財經組，擔任經濟研究部分負責人王作榮的助理。我雖然對經濟計畫設計與經濟政策是門外漢，我深信我會不斷邊學邊做，謀求精進。

工業委員會同樣是人少事重，初期只有職員二十幾位，最多時不過四十二人，成立初期同仁都是年輕力壯，尹召集人剛滿五十歲，只一位同仁在五十歲以上外，其餘均在五十歲以下，除兩位打字小姐外，我是最年輕者二十七歲。在尹召集人領導之下，均精力充沛，朝氣蓬勃，辦事效率異常之高，不亞於民間機構。每晨八時尹召集人與各組負責人及主任祕書舉行業務會報，由與會者報

工業委員會成立三十周年老同事聚會，1983年攝於尹仲容先生曾擔任局長的中信局七樓。前排左起王作榮、張繼正、費驊、嚴演存、李國鼎、韋永寧；後排左起崔祖侃、潘銡甲、沈葆彭、葉萬安、陳文魁、華國楨、杜文田、王昭明。（作者提供）

告前一天工作概況、所遭遇問題、請示事項，並表達意見，充分發揮各人的才能。尹召集人聽後對請示事項立即給予指示，對於問題指出解決的方向，對於各人表達的高見，有的讚許、有的駁斥，反覆爭論，情況熱烈，會後分別辦理效率極高。

委員會議每週召開一次，除各委員外，還有經安會執行祕書、美國安全分署工業組組長（美國人）及懷特公司經理（係美援會及安全分署共同聘請的工程顧問公司，所有美援援助的工業及交通運輸投資計畫，都要先通過該公司審議通過，美國安全分署才簽署同意）等列席，每一議案，雖事先均充分準備，但與會者常有不同意見，經熱烈討論後，尹召集人對各位所提問題條理清晰的分析、說明其利弊得失，絕大多數議案都能通過，會後即刻推動執行。由於有美方人士參加，所有議程及討論均用英文。

此兩會議我們職員除議案的主辦人列席外，都無資格參與。不過會後各組負責人都會召集同仁說明會議情況，使所有同仁對工作進度都能了解。大家聽後都對尹召集人對所有事項及議案都能深入了解，當機立斷，對事不對人，無我無私，為國為民謀利的精神，讚佩不已，連我這個小職員都能親身感受到，大家無不奮發努力，報效國家。

（一）經濟體制的討論——「計畫性自由經濟」的由來

在政府作有計畫的經濟建設前兩年，經濟學者們認為規劃經濟發展計畫之前，對經濟的體制必先要釐清，對國父的「民生主義」究竟是「計畫經濟」或「自由經濟」，熱烈各表高見，各大報紙及雜誌，所發表此方面文章，可說「汗牛充棟」。不過，我認為經濟學家羅敦偉在一次會議中指出，「本來自由經濟與計畫經濟是對立的，現在應用辯證法把它統一起來，改為「計畫的自由經濟」，去除「計畫」的一切毛病，也沒有過去「自由經濟」的毛病，而包括兩者的優點，成為「計畫的自由經濟」。因此，民生主義不是蘇聯的「計畫經濟」，也不同於西方的「自由經濟」，而是在計畫經濟下，容許個人相當自由的「計畫的自由經濟」，羅教授特別申明，這是他個人所創的名詞，也為與會大多數學者接受。

同會中，另一位經濟學家周開慶呼應羅教授的看法，指出：「民生主義經濟建設，必須有計畫的實施；但在計畫經營之中，個人有相當發揮能力的自由，期以企業自由刺激經濟事業之發展。」他並進一步說明：「民生主義認為只要國家計畫與個人企業自由獲得適當的配合，計畫與自由之間不惟不互相矛盾，而是相輔相成的。」於是「計畫的自由經濟」，成為當時在經濟方面普遍的流行語，後人將其改為「計畫性自由經濟」可以作為政府編擬經濟建設計畫之依據。

實際上，政府早在一九四九年生管會成立，尹仲容擔任副主任委員後，即提出扶助民營事業發展，新興工業計畫應由民間投資為原則的主張。當時我以為尹副主委曾在美國工作五年，看到美國民營企業蓬勃發展的親身體驗所致。

後來讀到尹副主委於一九五二年致東京友人書，提到對外貿易時，他說國內學者針對經濟要計畫或自由，正熱烈討論。但他對貿易自由或保護，有他自己的看法：「國際貿易分自由貿易與保護貿易兩派，爭訟已久；以弟管見，正不必拘泥學說，盡信書不如無書也。談自由貿易者莫若英之亞當斯密，然斯密氏亦言國防之重要，有甚於殷富。談保護貿易者莫若德之李斯特，然李斯特氏亦認為保護政策亦不能廣泛應用，且係暫時性，並不否認國際分工之利益。弟則以為應重視國內外之現實環境，不可流為空談，適地適業，確為發展經濟之最高原則，取法乎上，吾人自願此方向前進。」

一九六〇年，尹先生出版《我對臺灣經濟的看法》續編序言中，他更坦白表示：「過去曾經有人批評我是極端的管制主義者，後來又有人說我改變了觀點，是自由經濟的擁護者；其實我的基本觀點是『如何在現實環境中，切實有效的解決問題』，目的在為國家謀求最大的經濟利益，決不拘泥於某一個學說。實際問題千變萬化，絕不是引用某一個學說，守住某一個主張，一切不變所能應付的。」

我讀過尹先生以上兩篇文章，發現他不僅在美國工作，體驗到實際經驗，他也廣泛的閱讀了經濟學方面的許多著作，不僅深入研究了解，而且能提出自己的看法與主張，更令人敬佩。

再就我追隨尹先生，他先後所主持的工業委員會、經濟部、經安會、美援會，後來又兼任外貿會主委及臺灣銀行董事長，長期間所推動經濟計畫及各項改革的脈絡觀察，發現他在早期民間力量薄弱，健全的市場尚未形成前，所推動的經濟計畫，以政府投資的國營事業為主，發展民營事業為輔，並採取管制政策，扶持民營事業發展。但所推展的國營事業並非與民爭利，而是促進經濟成長，創造就業機會，減緩失業壓力。

待民營事業不斷壯大，充分競爭的自由市場逐漸形成，就分期解除管制；政府所推動的經濟計畫，就改以民間投資為主，政府投資為輔，經濟計畫只是訂定目標，政府採取獎勵政策，鼓勵民間企業朝向政府預定的目標與方向發展。

由此一過程觀之，尹先生早期是在實施「經濟計畫」，後期則朝向「經濟自由化」邁進，不僅與前述經濟學家所倡導的「計畫性自由經濟」策略不謀而合，而且實現他自己所主張的不拘泥於某家學說，而重視國內外現實環境，適地適業的採取適當對策，有效解決問題，為國家謀取最大利益。顯現尹先生對國家長期經濟發展藍圖，早已成竹在胸。

（二）編擬「第一期經濟建設四年計畫工業部門計畫」

在經安會成立之前的一九五二年，台灣省政府及有關單位，參考美援會顧問工程公司（即懷特公司）所提出的「一九五二—五五年度工業計畫草案」及行政院經濟計畫委員會經濟組所擬的「台灣生產建設四年計畫草案」，而研擬了「台灣經濟四年自給自足計畫方案」草案，呈報行政院。行政院審議結果為四年內台灣不可能自給自足，遂將該案擱置，待經安會成立後，交經安會研究參考研擬「第一期經濟建設四年計畫」。

經安會成立後，首要任務即檢討省府所報自給自足計畫方案，結果為：（1）以當時台灣經濟情況四年內不可能自給自主，只能盡可能的發展，減輕對美援的依賴；（2）該方案所訂第一年（一九五三）各項生產目標即與實際數字相差甚遠；（3）所列各項生產事業項目不夠廣泛，且內容過於簡略。決定交各組及工業委員會重新研擬，不過，研擬新的四年經濟計畫前，必須先決定大的方向，以便研擬單位遵循。討論結果確定兩大政策方向：

1、「穩定中求成長」，經濟穩定與成長，是經濟發展的兩大目標。經濟穩定是經濟成長的基礎，經濟成長則是維繫經濟穩定的力量；只有穩定而無成長，則經濟停滯，過速成長卻可能招致物價膨脹，引起經濟的不安。因此，穩定與成長是相輔相成的，而「穩定與成長並重」向為我國經濟發展的一貫策略目標。

2、「以農業培養工業，以工業發展農業」，誠如前文所述，台灣早期以農業為中心，故無論安定社會，提高人民所得，改善人民生活，都有發展農業的必要，但為謀求經濟的進一步發展，必須推動工業建設，如能先增加農業生產，提高農民所得，以農業力量推動工業建設，當可產生事半功倍效果。於是政府決定採取「以農業培養工業，以工業發展農業」的策略，優先發展農業，實施一連串的土地改革措施與推動各項農業建設，因而農業生產大幅增加，不僅糧食供應充裕，有助物價及工資穩定，而且農業部門提供農產品加工業所需原料，或外銷賺取外匯，轉供工業進口所需機械設備與工業原料之用。同時農村繁榮，社會安定，農民購買力提高，農村又成為工業產品的一個良好市場，並且提供儲蓄資金，支援工業發展。另方面，工業的發展也為農業產品提供了最可靠之國內市場，進而肥料、農藥、農業機械等的生產支援，促成了農業的現代化。此外，工業發展創造大量就業機會，吸收農村過剩勞力，協助解決了失業問題。

經安會遂將省府研擬之「自給自足方案」初稿，及上述兩項政策目標，發交各組及工業委員會研辦。

工業委員會成立後，尹召集人即召集所有主管及主要同仁研討如何進行。經研討後，尹召集人作結論指出，先確定工業建設計畫之目的，在求最有效、最迅速的途徑從事工業開發，提高生產水準，新興工業以推動民營企業投資為原則；內求充裕物資供應及增加就業，解除在物價、失業與財政方面之威脅；外求發展進口替代工業，節省外匯支出，改善國際收支赤字，期能四年計畫完成後，減少對美援的依賴。

在尹召集人指導下，各組隨即展開工作，就台灣省政府所提「台灣經濟自給自足計畫方案」草案，經研究後已無參考價值，應重新規劃。

1、積極研究當時工業情況及今後可能發展的工業，並廣徵各方意見，對擬議中發展的各類工業，調查其設備能力及效率，生產技術、產品品質與成本、原料供應、市場及進出口情況等，根據該等資料估計其發展的可能性、發展的限度，及其可能發生的影響等。

2、鑒於當時財力及技術有限，對於各項工業的發展，不可能面面俱到，故根據前項所搜集的實際資料，選擇比較重要而有利的工業先發展，並擬訂下列五項原則，以為設計的標準：

（1）採取重點政策，但仍保持各業的平衡發展。

（2）增產目標，以國內外市場需要為標準。

（3）充分利用現有設備，及省產原料及副產品。

（4）擴充生產及改進生產並重。

（5）注重產品品質的改進。

3、根據上述原則擬定個別工業計畫初稿，在草擬過程中並注意與農業計畫的配合，初稿擬定後，分送各有關政府機構及公民營事業負責人，以及專家審查，提供意見，然後綜合各方意見修訂，並彙編工業部門計畫，報由經安會轉呈行政院核定⑫。

一九五三年十二月三十至三十一日，尹先生在編擬「第一期經濟建設四年計畫」工業部門計畫之前，即發表他的〈台灣工業政策試擬〉一文，即說明今後工業發展之目的及體制。他說：「在現在情況下，台灣工業發展，在時間上必須求快速，在資源上不能有浪費。但此兩點，決非自由放任之經濟所能做到，而必有賴政府積極參加經濟活動，訂立完善計畫，並監督其執行。不過此處所謂計畫，絕不同於共產集團國家之『計畫經濟』掌握所有生產工具，控制一切經濟活動。此處所謂計畫，僅是政府以其統籌全局之地位，從整個經濟利益著眼，決定某一時期內，工業發展之方向及發展之目標。……至於各類工業發展，均有其充分活動之自由，故仍為自由經濟社會。」

因此，在「第一期四年經濟濟建設計畫工業部門計畫」初稿完成後，在該計畫編例中特別申明：「本計畫本質上仍為自由經濟制度。計畫經濟下的經濟計畫方式，於台灣顯然不能採用。本計畫係就整個經濟利益加以全盤考慮之後，確定今後四年台灣應予積極發展之工業種類，並就各種不同發展程度，擬定其建設及生產之目標，以及達成此項目標所需之人力與物力，並就可以取得之資源加以選擇，一切均參酌現實情況，估計未來可能的變化，每一門的發展計畫，均具有相當的彈性，將來可能因事實需要加以改動。故此計畫僅為今後數年工業活動之指標，而非控制全面工業活動之計畫」，此將尹召集人對經濟體制的主張完整說明清楚。

該計畫除原有電力、製造工業及交通運輸建設繼續擴充外，開始籌劃創建，其中規模較大，性質較重要的民間新興工業建設，有①聚氯乙烯塑膠廠、②人造纖維廠、③嘉新水泥廠、④新竹玻璃廠、⑤鋁箔廠、⑥尿素肥料廠、⑦花蓮氮肥廠、⑧飼料酵母及飼料加工廠、⑨蔗板廠、⑩甘藷脫水廠、⑪強力漂白粉廠、⑫黑鐵絲及鍍鋅鐵絲廠、⑬柴油機及汽車配件廠、⑭離心鑄鐵管廠、⑮電表工廠、⑯溶劑提油廠、⑰人造木板廠、⑱紙板廠、⑲加氫脫硫廠、⑳石油化學廠等等二十種新興工業，後來絕大多數都成為台灣的重要工業⓭。

其中最特別且日後對民營企業發展影響最大的，是聚氯乙烯（PVC）塑膠廠計畫的推動。

工業委員會研究推動新興計畫時，發現台灣碱業公司生產燒碱，所產生的副產品氯氣過剩，未能有效利用，而用石灰吸收後拋入海中，十分浪費，應可利用製作許多化學品。另方面台灣肥料公司生產肥料，所產生的副產品電石，研究可以電石作原料，經乙炔製造ＰＶＣ。工業委員會經綜合考量研究後，應可利用電石與氯氣製造ＰＶＣ，此時，台肥與台碱公司都想要爭取製作ＰＶＣ。

不過當時台灣進口ＰＶＣ及其產品，所需ＰＶＣ一年不到一千公噸，平均每天不到三公噸，規模太小，一般而言，日產十公噸才合於經濟規模。經研究先以日產四公噸為起點，因ＰＶＣ用途極廣，未來很快就有日產十公噸需要。可是在初期日產四公噸時，當時國內市場尚未展開，必須迅速開發新用途，大力推廣銷售，不是公營企業所能做到，因此決定要由民間經營。

後來由王永慶與趙廷箴合夥投資，成立台灣塑膠公司負責進行。但該公司並無專業人才，就由工業委員會專家及邀請公營台肥公司技術人員共同幫忙規劃設計，爭取美援貸款，並研擬採購機器設備召開國際標等等。結果是日本廠商得標，但美國反對，台灣用美援的錢，怎麼去買日本機器，美國國務院提出抗議。後來工業委員會派員去日本察看的結果，日本已有一個小工廠一天只做四公噸ＰＶＣ，現在照原設計模型再做一個而已，不用另行設計。而美國是大量生產，做如此小規模，重新設計，成本當然高，因此說服美國決定買日本機器設備。建廠完成以後生產出來的塑膠粉、塑膠粒銷路有限，不能完全賣掉，但如不全力開工成本更高。好在台塑迅即投資新設南亞塑膠公司，用台塑PVC加工做塑膠布、塑膠杯、塑膠筷、塑膠雨衣、雨鞋等，再一步步打開市場。因此，台塑設備不斷擴充，不僅合於經濟規模，而且在二十年後台塑就成為世界第一的PVC塑膠工廠[14]。如果當時不是尹先生堅持由民間經營並強力扶植的話，絕沒有今天的台塑。

由於台塑在政府扶植及其自身的努力下成功，民間對政府推動的新興工業信心大增，民間企業就在政府大力推動及扶持之下，逐漸壯大起來，很快就成為工業生產的主軸。

（三）發行《自由中國之工業》月刊

工業委員會一成立，尹召集人除指示所屬盡速研擬「第一期經濟建設四年計畫工業計畫」外，同時指示財經組長潘鋕甲，自一九五四年一月開始出版《自由中國之工業》月刊。IDC一九五三年九月一日成立，至一九五四年一月僅四個多月時間，月刊還要包含三部分，一面是中文文章，一面是英文文章，中間還要有一套「台灣工業統計」，每期都在一百多頁以上，時間真是相當迫促。

文章可以邀請專家撰寫或翻譯，但是「台灣工業統計」部分，要自己搜集、編輯，可是財經組，經濟研究部分只有兩位研究人員，對統計均非本行。於是潘組長動員外部人力，因我承諾隨他去ＩＤＣ，但我手中還有工作，要到一九五三年十二月底才能去報到，他吩咐我要在該年十二月底前完成此一任務。

當時我在台糖經濟研究室資料組工作，以有關糖的資料為主，可是一般經濟、統計資料相當貧乏，且多列為機密，不能公開發表。如台灣工業生產統計，經濟部統計處當時每年調查一次，祇編主要工業產品年產量統計及年工業生產指數，要請其改為按月調查，需要經費及人力，都要想辦法解決；又如進出口結匯統計，臺灣銀行按月統計，但列為機密，要用公文索取，而且說明ＩＤＣ要出版公開發表，還要動員上級向臺銀溝通等等，這些問題後來都能一一克服，於一九五三年十二月底，編成三十多頁的「台灣工業統計」月報稿交卷。實際上這是一份綜合經濟統計月報，但因月刊名稱是《自由中國之工業》，所以統計部分只能稱「工業統計」。這份「台灣工業統計」，可說是台灣第一本按月編製公開發行的綜合經濟統計月報，供各方參考。

尹召集人為什麼工業委員會一成立，就要發行《自由中國之工業》月刊，裡面還要有一套統計資料，請見下文所述。

(四) 宣導政府經濟政策與特別重視統計

尹先生自一九四九年擔任生管會副主任委員公職以後，即經常寫文章，到處演講，還常與新聞記者座談，公開發表意見。他也經常邀請工業界及有關人士，就工業各種實際問題，舉行座談會，交換意見，尋求改善方法。這與過去和當時政府財經首長作法完全不同。之所以如此，他曾在所著《我對臺灣經濟的看法三編》序言中，明白說他寫的文章與演講範圍相當廣泛，其內容：「……或者是就現行政策有所闡述解釋，或者是對某一經濟事實有所說明，或者是對當前某一問題的意見。其目的在求各方面人士對現行政策及經濟事實有所了解，明瞭主持人的觀點，並進而提出批評及改進意見。我深信這種公開說明，公開討論與批評的方式，最能溝通政府與民間的看法，最能融合各方面的意見。我更深信這種方式也最能便利政策的執行，並使政策本身有所改進。我認為作為政府一位官員，我有義務將我的辦法公開，我也有權利接收各方面的批評與建議。我時常主動的或被動的接受各方面的邀請發表文章或演講，其原因便是在此。」

當時我就想，尹先生的說明，就是要與民間溝通，灌輸現代的新觀念。而出版《自由中國之工業》月刊，其作用一方面宣導政府實施的經濟政策，另方面與民間溝通，介紹經濟新知與現代經濟觀念，三方面也向民間學者、專家徵稿，向政府提供建言。

尹先生主持工業委員會僅兩年時間，就發表了二十多篇文章及演講稿，內容誠如前文所述，篇篇內容紮實。值得一提的是，他一九五三年九月一日就任ＩＤＣ召集人，十月三十至三十一日就在《中央日報》發表了〈台灣工業投資的來源與通貨膨脹〉一文，從台灣經濟現況談發展工業的理由及發展工業所需的資金與來源，有人擔憂工業發展會導致銀行信用的擴張，有爆發通貨膨脹之虞，他提出在工業發展過程中防止通膨的作法，使人民了解工業發展的重要性，同時政府有能力防止通膨的發生。

繼之，同年十二月三十至三十一日發表〈台灣工業政策試擬〉一文，台灣各報競相刊載，一時洛陽紙貴，顯見人民對「工業政策」的關心。他發表該文的目的，是在拋磚引玉，希望社會各方能了解他的工業政策主張，提出批評與建議，使未來工業發展政策更加完善。顯見尹先生對工業發展政策雖已有精湛的研究，但仍然虛懷若谷的徵求各方意見，絕非閉門造車，令人欽佩。

後來又陸續發表了〈台灣工業之逆流〉、〈台灣經濟發展之途徑〉、〈台灣經濟的困難與出路〉等等，當時都是關心台灣經濟者必讀之文章。

至於尹先生為什麼要在《自由中國之工業》月刊中增列「台灣工業統計」部分？早在生管會成立時，我就成為尹副主任委員助理之助理，專門為他搜集統計資料，並作統計分析。因此，了解他對統計數據的重視，但從未看到他在文章和演講稿中提起。

可是一九五二年五月在《紡織界》周刊，卻讀到他在紡織工業座談會中的講詞，他一開始就指出：「我覺得許多人討論問題，都不拿數字作根據，這正是古人所謂『游談無根』的毛病。把一個問題游來游去，弄得愈辯論愈亂。當然，天地有陰有陽，事物有正有反，數字也絕不會只幫一面之忙的。所以我們要冷靜觀察數字內含的意義，才不致為表面的數字所蔽。」

後來，他於一九五三年一月二十一日在行政院設計委員會經濟組會議中致辭，又提到調查統計的重要，他說：「我個人在生管會三年多、中信局兩年，以及參加許多會議，感覺各項基本調查，極為缺乏，可靠之統計數字，至不齊全，設計工作如無此種資料，等於軍事家缺乏地圖以作戰，結果必然失敗，故第一項設計工作，即為調查，然後再將調查所得資料，予以排列統計。」

工業委員會召集人尹仲容巡訪紡織廠。圖為經濟部長尹仲容（中）、農復會委員錢天鶴（左，他是農學家）、大秦紡織廠董事長石鳳翔（右）。
（圖片來源：中央社）

由此可知，尹先生要在《自由中國之工業》月刊，加列「台灣工業統計」，是因當時政府各有關部門，所作的統計資料沒有公開發表，即使有人想根據統計數據討論問題，也無法尋到適當的統計數字。因此，他要利用工業委員會的力量，要求各有關部門提供他們所編列的統計數據，及同意ＩＤＣ將這些統計數字公開發表；其目的是希望社會大眾談事情，討論問題都能以相關統計數字為依據，不空談，實事求是的談事情、討論問題，不僅可節省時間，也可迅速獲得正確結論，或解決問題。

寫到此，使我忽然想起歷史學家黃仁宇教授曾言：「現代工商社會的主要特徵，就是實現數字管理。」黃教授是研究明史的知名學者，他指出：「明代最終淪為大莊園，無法與西方世界並駕齊驅成為現代化國家，其關鍵就是中國缺乏科學化的數字管理。」

我追隨尹先生十年半間，觀察到他發表的言論、所作的決策，絕大多數是發現問題後，先從統計數據中分析其形成的原因，再採取因應對策。或先從統計數據中發現問題，尋求形成問題的原因，再作決策。這如同醫生為病人看病，先作各種檢查，了解原因後才對症下藥。因此尹先生如此重視統計數字，以數字治理國家，其成功是可以預期的。

(五)不遺餘力的推展國產品

尹先生擔任工業委員會召集人後，編擬的「第一期經濟建設四年計畫工業部門計畫」時，即以「進口替代」為重要政策。當產品產出後，他就不遺餘力的提倡購買國產品。如他推動紡織工業發展時，所採取的進口管制措施，即是保護國產品的內銷市場。他曾促使工商業界合作，在台北新公園舉辦「國產商品展覽會」，廠商熱烈參加，設有十一個陳列館，有三百多個攤位，包括食、衣、住、行及各種生活用品，參觀者極為踴躍。

我還記得尹先生要求美援當局援助小麥發展麵粉工業，為了推展國人主食多樣化，鼓勵國人多食麵食，節省下的食米可用於外銷，賺取外匯，改善國際收支逆差。曾於一九五三年在台北賓館舉辦「麵食試吃大會」，請名師除製作西式麵點外，還製作各種中式麵點，供來賓試吃，參加來賓極為踴躍。可見尹先生推廣國產品用心之深。

當他擔任經濟部長時，軍方申請進口皮革，尹部長認為國內皮革工業已成立，品質也有改進，不應再用進口貨，而提不同意見；但軍方認為國產皮革品質不及外國貨好，如用國產皮革製鞋，有影響士氣之虞。當尹部長知道近期行政院將討論此一問題時，他帶了國內外多種皮革放在會場旁的一張桌子上。當討論該問題時，他請軍方列席會議的專家，選擇最好最適軍方需要的皮革，挑選結果，將那一塊皮革背後的祕籤打開，竟然是國產品，引起會場大家哈哈大笑，軍方代表無言以對，同意購該公司的國產皮革。該時尹部長隨即在會中提出軍方購買國貨，適用免稅和享受外銷價格的條件，使軍方購買國貨不比進口貴[15]。

當年「反攻大陸」是國家最重要目標，凡是軍方提出的申請都列為第一優先，政府沒有一個單位敢說「不」。可是尹仲容在他以國家整體經濟利益為重的觀念下，從不把個人得失放在心上。凡與此牴觸的，他都勇敢提出他的看法。

（六）編擬「第二期經濟建設四年計畫工業部門計畫」

尹仲容雖於一九五五年十一月因牽涉到中信局貸款給揚子公司胡光麃案，辭去本兼各職，包括經濟部長、工業委員會召集人及中信局長（詳如後述）。工業委員會召集人由新任經濟部長江杓兼任，而江召集人作風，與前任尹召集人完全不同，江之保守程度，與過去尹召集人積極主動開展的作風相反，ＩＤＣ所有同仁都難以適應而不滿。甚至委員兼化工組長嚴演存，曾數度簽報發展工業方案，均遭江召集人擱置不理，憤而辭職，而且辭呈直接指名：「在你領導下，我已無法妥善執行職務，我必須離開。」此一辭呈與一般官方辭呈完全不同，也顯現嚴演存對江召集人之保守作風極度不滿。

不過，ＩＤＣ其他同仁仍忍辱負重，依然秉持尹仲容的作風全力以赴，按照原有進度繼續推動工作，至於江召集人是否接納，則非我等所能預料。其中最重要而最迫切的工作，就是研擬「第二期經濟建設四年計畫工業部門計畫」了。

一九五六年初要開始研擬第二期工業部門計畫前，先檢討第一期工業部門計畫執行情況，並提出報告。指出前三年（一九五三—五五）工業生產平均每年增加一四%，成果豐碩。但因投資擴大生產增加，所需進口的機器設備及原材料隨之大幅增加，因此對外貿易入超不僅未有縮減，反而擴大；加以國內市場狹小，發展的勞力密集的進口替代產業，很快即達飽和。因此第二期工業發展政策需要改弦易轍，改以勞動密集產品的「擴大出口」為首要政策，後人稱為「出口導向」政策。

但社會上有學者建議發展重工業，尤以軍方要發展鋼鐵工業呼聲最高，而江召集人來自軍方，也認為發展鋼鐵工業的重要。但經ＩＤＣ同仁研究後提出報告稱：要建設年產二十萬公噸的一貫作業鋼鐵廠，機器設備需要投資四千萬美元及建廠工程等，總投資新臺幣十六．四億元，不僅投資金額鉅大，且國內沒有這類技術人才，而且國內需要有限，又無外銷競爭力，未予採取。

另再根據國民所得統計，分析指出一九五六年儲蓄率（即國民儲蓄占國民生產毛額比例〔ＧＮＰ〕僅一〇%，而投資率（即資本形成毛額占ＧＮＰ比例）高達一六%，其差額六%（占ＧＮＰ的比例）需賴美援支持，投資財源不足現象極為嚴重。如再投資大鋼鐵廠，會發生排擠作用，如紡織、合板、水泥、玻璃及塑膠加工等五類工業估計未來四年需投資十五．五億元；如投資大鋼鐵廠，這五類工業就無錢投資。而此五類工業近年已建設有成，且為未來外銷主力，投資有其必要，實在不應投資大鋼鐵廠，故提出強烈反對意見。

幾經討論後，有人建議美國援外法案中，有授權總統處理專款一億美元，為促進東南亞各國間區域合作之用。如我們能與菲律賓合作，進口菲律賓鐵礦砂及台灣之焦炭煉鋼，所產鋼鐵由兩國分用，應可合乎美國申請援助之條件；至於技術可以自國外引進，如不能獲得美國額外援助，亦無僑外人投資，則不進行。

最後，江召集人同意，以「擴大勞力密集產品出口」為第二期四年工業部門計畫的主要發展目標，建設鋼鐵工業列為備案。後來美援當局不予支持，也無僑外人願投資，故未進行。

當時確定以「擴大勞力密集產業出品」為主要目標，但當年（一九五六）出口產品以糖為主，占總出口的比率高達近七〇％，而今後四年因製糖原料的甘蔗種植面積受限，致未來四年砂糖出口將停滯，影響到未來四年總出口平均每年只增加一二．八％，致使局外人認為從出口總額增加率看不到是以「擴大出口」為第二期工業計畫的主要目標。

但是這只看到總出口的成長，未關注到出口產品結構的變化，在計畫中，未來四年

（一九五七—六〇）糖出口，平均每年只增加〇．六％，幾乎停滯，而非糖產品出口每年平均增加四五％，其中尤以紡織品出口平均每年增加率高達六五％，這不是「擴大出口」，什麼才是「擴大出口」？實際執行結果，一九五七—六〇年紡織品每年平均出口增加高達六一％，與目標增加六五％相當接近，充分實現尹仲容加速發展紡織工業的願望。

在一九五七年初「第二期四年計畫工業部門計畫」草案完成後，報送經安會審議，並會同農業部門、專案（石門水庫建設）計畫及財經配合措施，彙成「第二期台灣經濟建設四年計畫」，報請行政院於一九五七年六月院會修正通過實施。

其中「工業部門計畫」，尹仲容雖未親自參與，但他的精神完全灌入其中。

（七）策劃推動「中華開發信託公司」成立

工業委員會成立初期，尹召集人了解國內民營企業由於會計制度不健全，常設兩套帳在逃稅，很難取得銀行信任，因此，要取得銀行融資極度困難。除前文所述，ＩＤＣ商請美援當局，對ＩＤＣ所推動較具規模的新興民營工業給予計畫型貸款，及商請美援當局於一九五四年六月支持三商銀（第一商業銀行、華南商業銀行、彰化商業銀行）及中信局創設「美援小型民營工業貸款」外，他了解利用美援支持民營工業發展，只是暫時性，不能持久，必須研究如何成立一家銀行或公司，能取得低利資金給予民間企業長期低利貸款，並持續長久維持下去。於是曾由我服務的ＩＤＣ財經組，數度以尹召集人之名，函請美援當局共同研商。一直到一九五七年十一月才正式提出設置「開發公司」議案，由經安會召集工業委員會、財政部、經濟部、美援會、臺灣銀行及工業界、財經界領導人，組成專案小組研究。

該專案小組研究結果，認為應成立民營的開發公司，其必須理由有：

1、鼓勵發展民營企業，為我國既定政策。

2、台灣民營企業對資金之需要較公營者更為迫切，開發公司的成立，可解決民間事業長期資金上所發生困難，並可給予管理上及技術上的協助。

3、此公司可得到美國國際合作總署（ＩＣＡ）及世界銀行（ＷＢ），在資金和技術上的協助。

於是由經安會報請行政院核定，於一九五九年五月一日正式成立「中華開發信託公司（簡稱ＣＤＣ）」。先由美援會（是時尹先生已任該會副主任委員）協助ＣＤＣ與美國開發貸款基金簽訂一千萬美元之無息借款合約，由ＣＤＣ轉貸。凡民營生產事業能提出適當投資計畫，用以促進經濟資源開發，增加就業機會，幫助物價安定，擴展台灣產品外銷者，均可向ＣＤＣ申請貸款，惟限自美國購置機器設備。

ＣＤＣ成立時除獲得美國開發貸款基金外，公、民營企業投資新臺幣八千萬元，在ＩＤＣ協助下，世界銀行下的國際開發協會（ＩＤＡ）亦提供無息貸款，只收手續費，以及ＩＤＣ協助申請中美相對基金，合計共籌得近新臺幣七億元，相當於當年貨幣供給額的八·七％，顯示基金之充裕。該公司也以低利貸款給民間企業，該等貸款並不以有無抵押品是問，而以所提計畫是否合於需要，完整可行，尤以其領導人是否有足夠能力與經驗來經營企業，為優先考慮。ＩＤＣ建立一套建設計畫的審核及貸款後的稽核追蹤制度，使貸出之資金確實發揮其所預期之效益。

ＣＤＣ除給予民間企業貸款外，一九六一年開始也投資新興工業，也給予貸款及投資對象諮詢與建議，甚受業者歡迎，業務迅速發展，所有資金即將不敷。ＣＤＣ總經理張心洽，原為臺灣銀行國外部經理，利用其在國際間的人脈關係，爭取到美國進出口銀行、摩根銀行、富國銀行及中美相對基金等繼續給予貸款，致財源無虞。

ＣＤＣ成立後的一九六〇年代開始，正逢台灣經濟起飛階段，產業界對資金需求殷切，ＣＤＣ從國內外取得之低利中長期資金，大量貸款及投資於民營企業，開發新產品、擴充產能、提升競爭力，對於整體經濟發展作出卓越貢獻。

由於CDC業務績效卓著，一九七〇年代南韓、日本、琉球、菲律賓、馬來西亞、泰國、越南、印度、錫蘭、奈及利亞、希臘等開發公司，均派人來CDC觀摩、訪問或留駐學習，絡繹不絕。顯示國際同業對中華開發信託公司之重視，已成為典範⑯。

（八）為推動「外貿全面改革」催生

當年政府為穩定物價高估新臺幣對外價值，以降低進口成本，但不利於出口；為鼓勵出口，又訂定各種優惠出口辦法。雖然當年臺灣銀行（中央銀行尚未復業）公告的新臺幣兌美元匯率只有不到十種，但實際匯率有多少種，沒人知道。

因當時外匯短缺，外匯收支採取嚴格管制，出口所收入的外匯必須按照臺灣銀行公告的匯率結售於該行；而所需進口原料外匯經主管機關核准後，按臺灣銀行公告的匯率，向該行申請結匯。惟一九五六年政府為鼓勵出口，於該年八月公布「進口原料加工出口獎勵措施」，所有以進口原料加工出口所取得的外匯，可保留部分用以進口原料之用。至於出口收入的外匯按一美元兌新臺幣二十六・三五元售予臺灣銀行，至於保留的外匯金額，由該行登記給予保留外匯證。出口廠商需要進口原料時，可憑持有的保留外匯證，以新臺幣二十四．七八元兌一美元，向臺灣銀行結匯，其中進出口結匯率差額等於給出口廠商的補貼。因此，出口收入外匯保留的比例愈高，則匯差補貼的金額愈大，真實的出口匯率也愈高。

至於出口收入外匯保留進口原料的比例，由出口廠商申報，但廠商多有虛報。實際保留的比例，則由外貿機構主管人員核定，核定比例愈接近出口廠商申報的比例，除多賺取前述匯差的補貼外，廠商還可將超過其實際需要進口原料的部分，在國內市場出售，出售的數量愈多、價格愈高，其出口外匯收入的真實匯率也愈高。而且不僅不同產品出口有不同的保留外匯比例，即使相同產品出口由於各廠的生產效率不同，其實際使用的原料比率也不同，能出售多餘進口原料的數量也有異。因此，真實出口收入外匯匯率是多少，出口廠商事前不知道，待整個出口、進口銷售多餘原料過程完成後，才能結算出口真實匯率。

我將此研究於一九五七年七月九日寫成「進口原料加工出口鼓勵措施下的真實匯率報告」，除指出真實匯率複雜多得沒有人知道有多少種外，手續繁複，效率極低，更指出核准保留外匯比例的主管人員有主觀的決定之權，成了貪汙腐敗的溫床，已到必須改弦易轍的時候了。

尹仲容先生復職後，一九五七年八月八日行政院院會通過任命尹仲容為經安會委員兼祕書長，我的長官IDC財經組長潘銡甲，將我所寫的「進口原料加工出口鼓勵措施下的真實匯率報告」，呈送尹祕書長參考。尹祕書看後，指示潘組長速譯成英文[17]，函送美國安全分署參考，並請其在政府推動外貿全面改革時，給予支助。後來一九五八年四月十二日政府實施外貿改革時，美方提供三百萬美元供周轉之用。

尹祕書長此一指示意義有二：一是他對部屬的研究報告不僅信任，也尊重，所以他的部下，無不追隨他發揮「尹仲容精神」為國效勞。二是推動外貿全面改革，解除管制，實現外貿自由化，在他腦海中早已有盤算。

三、接任經濟部長

一九五四年五月行政院改組，任命尹仲容為政務委員兼經濟部長，他於六月一日就職。這是尹先生從政以來，第一次出任內閣閣員，參與決策核心，仍兼任工業委員會召集人及中信局局長。

尹先生就任經濟部長當天，即應台灣省工業會之邀請，於第三天的六月三日赴工業會年會中作專題演講。尹部長乘此機會，就他個人對台灣經濟發展之看法與主張，以「台灣經濟發展之途徑」為題，作比較完整之闡述。

他首先指出，近五年來台灣經濟在國人共同努力及美國援助之下，已有顯著進步。但眼下情況距離我人之目標尚遠。我人之目標，不僅在求經濟之穩定，尤在經濟之開發，使比較落後之經濟能加速運轉，成為現代化之經濟，提高人民生活水準，更要壯大經濟實力，使之能永續長期發展。

尹部長在提出經濟發展目標之時，他也提出他心目中應有的作法：

1、台灣為一狹小的海島型經濟體，受資源之限制，經濟上不可能自給自足，必須仰賴對外貿易，方能擴大經濟。

2、農業與工業並重，台灣本質上為農業地區，農業發展已有良好的基礎，尤須加以愛護，善加利用，更謀進步。但工業發展仍刻不容緩，目前方開始進行，尤不可鬆弛。因現代化之工業，為整個經濟現代化之基礎，建立愈早，則國家脫離經濟落後愈早。所謂經濟現代化，係指大規模生產方式與生產組織採取新式生產工具、技術與管理之應用。必如此生產力始可提高，而後人民生活水準與國家財富，方有不斷上升之希

尹仲容於1954年接任經濟部長後，致詞希望大家一心一德共同努力，建設現代化的國家。
（圖片來源：聯合報）

望。一個國家經濟基礎愈擴大，則其經濟愈有忍受外力衝擊之彈性，其安全性也愈大。同時，為解決人口快速增加之壓力，亦非急謀發展工業不可。

3、台灣工業因尚在發展初期，待開擴之領域甚大，故擴展新事業與改進舊事業同時並進。為求工業建設之迅速發展，目前必須積極造成一個有利工業發展之投資環境，如減少不必要之管制、鼓勵僑外資、修改稅法、提高勞工之效率、便利原材料供應、協助開擴市場，以及疏導國內資金等，一切有利發展經濟之因素，必須盡力爭取，一切阻礙經濟發展之因素，如壟斷行為及其他不公平之作法，應力謀消除。

4、對於生產事業之公營與民營問題，亦願藉此機會稍加說明。在經濟落後地區，政府有計畫的投資經濟建設，有時實有必要。我國公營事業對於國家亦有其不可磨滅之貢獻，亦不能一概抹殺。但若干不必要政府經營之公營事業，應及早移轉民營。至於未能移轉與不宜移轉之公營事業，應力求其改進，以迅速達成企業化與合理化。

至於民營事業，政府一向採取扶植態度，此後應當配合美援加強發展。但亦希望以後民營事業本身亦能奮發為雄，發揮企業家之精神與道德，不因政府之獎掖而過分依賴。

5、關於對外貿易之重要，前已述及，惟附近良好之國際市場，尤其工業產品之市場，幾已全為其他國家所占有，加以國內產品品質與成本，大多難與國際水準相抗衡，欲求侵入別人已占有之市場，自屬困難。除改良品質、降低成本，應由業者努力外，政府自當利用一切力量，採用一切可能之方法，為台灣外銷產品維持已有市場，並打開新市場。

最後，尹部長指出，以上各點如能不斷努力完成既定目標，則台灣將有一個比較現代化的生產系統，一個比較廣大的經濟基礎，一個比較富於彈性及競爭能力的貿易結構。在目前環境之下，做到上述各點，並非易事，亦非短時期內所能完成，但我人不能不有此打算，不能不有此努力。然經濟建設並不能獨立之完成，於事必須財政、金融、交通等各方面配合，於人必須全國上下有共同之認識，庶能充分合作，尤其對於將來措施之認為未盡適宜者，希望各方能適宜的指出，並予以建設性之客觀批評，以免貽誤，是則有望於社會人士多賜匡助。

由以上尹部長演講主要內容看，他能在兩天之內，對台灣經濟未來發展，提出如此完整的發展藍圖，可見台灣經濟發展在他心目中，早已「成竹在胸」，誠屬難能可貴。祇可惜他因「揚子案」，於一九五五年一月交卸部長職，任經濟部長僅一年半，且其中「揚子案」困擾他半年多，不能說對他的工作心情沒有影響。不過在尹先生負責經濟部長、工業委員會召集人及中信局長三職於一身，相互配合，共同努力，在這種時期內，推動了許多工作。舉其中重要者如下：

（一）提高工業水準⑱

工業發展不僅在工業生產能力及數量方面力求擴張，生產技術與產品品質亦須注重改進。工業委員會在這方面也不斷與經濟部及台灣省政府所屬技術部門協助各事業研究改善。

1、促進合理生產，加強產品檢驗，在會內特設檢驗研究小組，聯繫各個檢驗與試驗機構，經常檢討產品檢查事宜。如當時電燈泡品質很差，如前文所述用不久鎢絲斷了不亮，取下時，玻璃球就搖其頭了。工業委員會成立不久，就採取行動，一方面限其三個月內改善，另方面由小組督導，從原料、技術與設備等盡最大能力予以改進。同時停止向日本採購鎢絲改向美國採購，採購新式自動機器，專門大量生產四十－八十瓦燈泡。三個月期滿檢查結果，絕大部分電燈泡工廠都有改進，將檢查不合格的兩萬一千六百八十五只，於一九五四年九月二十三日在中華路西門町廣場當眾銷毀。我曾親自到現場觀看，因為對搖頭燈泡印象太深刻了。以此警告所有工廠努力改進，提高產品品質。

2、推行技術指導，除經常派技術人員至各廠指導外，並鼓勵民營工廠自動交換改進經驗，並促成鋼鐵工業組成中國鑄造技術改進會，由各廠負責技術人員參加，就各項實際問題從事改進。

3、加強研究擴大服務，民營工業由於財力不足，很少從事技術研究工作。工業委員會促成經濟部將中油公司之新竹研究所，擴大成聯合工業研究所，即現在工業研究院之前身，研究省內工業上各種問題之改進與解決。

工業委員會尹召集人有鑒於英國生產力中心，對戰後重建，卓有成績，有意仿效，成立「中國生產力中心」。英國於一九四八年為求戰後重建，組織考察團赴美考察美國生產情況，並將提高生產力列為考察重點，歸結為「簡單化、標準化與專門化」三個要素。考察回英後建議成立「英國生產力中心」，對戰後重建及工業發展貢獻甚大。於是法國、奧地利、義大利、比利時及日本等國，均成立類似組織。

尹先生接任經濟部長後，便與工業委員會共同合作推動，遂於一九五五年五月邀請企業界領導人、專家、學者及主管機關有關主管，舉行座談會，討論「設置中國生產力中心事宜」，討論結果一致同意成立。決定由工業委員會負責策劃籌組，於一九五五年十一月十一日成立。在性質上該中心為非營利的財團法人，隸屬於經濟部，但其經費由工業委員會申請中美相對基金支援，後由於該中心服務成績卓著，乃建立服務收費制度，中美相對基金支援逐年減少，最後停止，該中心遂自立發展。

「中國生產力中心」的工作範圍，包括三個部門：

一是屬於教育性質者，包括生產技術資料的交換、流傳及觀摩，生產影片圖書表冊分送，與各工廠、專家舉行座談會，傳授新知識與新技術，及討論有關問題。

二是屬於訓練者，包括訓練技工、領班、經理及廠長，工程師、專門人員等。

三是屬於服務部門，有工業問題的實地研究與分析，工廠內實施服務指導，工廠與技術專家間的聯繫與介紹等。

由於該中心領導人及員工的努力，業務迅速擴張，尤其一九八四年經濟部指派生產力專家石滋宜擔任該中心總經理，使該中心員工士氣大振，對提高台灣中小企業生產效率極鉅，甚受企業界的讚譽。

此外，經濟部與工業委員會也促成台灣手工業中心及中國技術服務社的成立，協助各業改進技術與管理。

（二）改善工業環境⑲

在推動工業發展目標下，工業環境必須同時謀求改進，此方面經濟部與工業委員會曾推動以下工作：

1、解除管制，維護自由競爭。工業委員會成立後，首先解除煤炭、硫磺管制辦法，繼之取消純碱收購配售辦法，恢復自由買賣。經濟部取消氯酸鉀、鋁器業、針織業及手工織布業等之設廠限制。

2、建議修正所得稅法。為鼓勵新事業之創設與新產品之製造，向財政部建議修訂所得稅法，對於製造新產品之工業，給予相當年數之免稅或減稅之優待。

3、增加資金供應。當時所有銀行都是公營，尤以省屬三商銀（華南、彰化、第一）為主，很少對民營工業給予長期大額貸款，影響民營工業發展。工業委員會遂商請美援當局對ＩＤＣ推動較具規模的新興民營工業給予計畫型貸款，如當年台塑公司成立時，即獲得七十五．七萬美元貸款；另商請美援當局支持三商銀及中信局於一九五四年六月創設「美援小型民營工業貸款」，小型民營工業如向國外購買機器設備及零件，每筆貸款最高為六萬美元，如需整套設備最高可貸七．二萬美元；如在國內購買機器設備及建廠房，每筆最高可貸新臺幣四百萬元。此對小型工業發展極有助益[20]。

以上工業委員會及經濟部所推動的這些工作，在一般人看來都是小事；但就工廠，尤其中小企業而言，解決了他們的大問題。這些點點滴滴的工作長期進行，累積起來就成為推動工業的一股大力量。

（三）推動現代化企業管理

尹仲容早在生管會時代，即對台灣工業發展進行深刻之研究，體認我國工業發展之癥結，不僅技術落伍，更缺乏對現代化企業管理的基本認識。他曾估計與日本比較，生產技術方面我們落後約十多年，但在現代化企業管理方面，更不知落後日本多少年了。

因此，當他於一九五四年接任經濟部長後，即派台電公司電力專家協理兼總工程師孫運璿、台糖公司財務專家協理鄒昌、台碱公司化工專家總經理黃人杰等等，赴美考察本身專業技術外，更要深入研究學習西方國家的「現代化企業管理」，回來後不僅要大事調整改革各公司的管理制度，更期盼能公開對外推廣。

另方面，尹仲容早在生管會時代，即鼓勵紡織專家民營的雍興公司總經理呂鳳章，赴美考察紡織工業及人造纖維工業（當時正是人纖工業發展初期）生產技術及市場情況，以便回來幫助政府規劃台灣紡織工業的進一步發展及人造纖維工業的創立。待他接任經濟部長後，台灣紙業公司轉為民營，他也鼓勵紙業專家台紙公司總經理吳祖坪，赴歐美考察加工紙業之技術，以為台灣未來加工紙業之規劃發展。顯見尹先生當年推動各種工業之發展，都是從培養專業人才著手，並赴國外考察先進經驗，然後再提出完善的細部計畫，經評估可行性後，才正式提出，確是謀定而後動。所以在他任內所推動的各種計畫，不能說百分之百都能有效執行，經我親身的觀察，至少有九五％以上的執行成功，對國家作出重大的貢獻。不像後來李登輝總統時代推出的「國家六年經濟建設計畫」

及蔡英文總統推出的「前瞻計畫」，都是胡亂雜湊，沒有經過專業精密的規劃，更沒有可行性評估，即積極推動，浪費了國家鉅額資金，看不到任何成果，與過去做法完全不同，怎不令人痛心！

（四）推動軍民事業合作

尹召集人在一次業務會議中，對會內主管說，據他了解軍方工廠設備精良，而許多機器一天只開一班八小時，其餘時間閒置，是一種損失和資源浪費。他認為應該推動軍民營事業合作，如此在平時有合作的經驗，戰時就能打成一片。他並舉二次大戰期間，美國軍方與民間合作生產軍火武器（這是他在美國工作期間為政府採購國防用品，親眼所見）為例，再進一步說，如兵工廠有五千部機器，每日加開一班八小時為公民營工廠加工，每日即可增加四萬小時的機器生產，這對資源有效利用與經濟活力的增加，是很大的幫助[21]。於是工業委員會聯繫國防部、經濟部成立「軍民工業聯繫小組」，除促進民營工業配合軍方需要外，並促成軍方工廠技術人員，給予技術輔導民營工業，以提高其水準，一旦環境需要，民間工業亦可作國防工業之後盾。

自該聯繫小組成立後，已辦理而推動的重要事項，有：

1、利用各兵工廠剩餘能力，製造民用品辦法之實施。

2、國防部調查軍方所有廢鋼、廢鐵，以合理價格售給各民間工廠應用。

3、兵工署派技術人員改進大同機械製鋼公司電扇生產，及電燈泡廠沖製燈頭鋼模。

4、久大紙廠代兵工署試製裝迫擊炮彈紙筒；裕隆公司代兵工廠製造汽車零配件等。

IDC軍民工業聯繫小組，推動的工作，成果相當豐碩。

（五）執行公營事業移轉民營，落實耕者有其田政策

政府推動的土地改革最後階段，實施「耕者有其田」，決定於一九五三年推動。所謂「耕者有其田」，是政府對擁有大量農田的地主，將農地出售給佃農時，將其超過水田三甲或旱田六甲以上的農地，由政府收購，再轉賣給佃農。但佃農沒有能力一次付給地價，因此政府規定購買農地的佃農分十年以實物償付地價，致使政府購買地主的農地即無資金付給。於是台灣省政府將該案函請財政部籌劃所需資金。

當財政部收到該案時，財政部長嚴家淦研究後，表示中央政府亦無此財力支付，如

要發行鈔票支付，將會引發通貨膨脹，絕不可行。於是他建議，既然政府將農地賣給佃農分十年攤還，同樣政府亦可發行實物債券給地主，分十年付給實物，屆時政府收到佃農付給的實物，轉付給地主，將不會造成通貨膨脹。以實物債券抵償購買地主地價的七○%，另三○%則以公營事業股票付給，而使公營事業轉移給地主經營，獲得大家同意後，納入「實施耕者有其田條例」，經立法院通過實施。

第一次公營事業移轉民營的台灣水泥公司在台北三軍球場召開第一次股東大會，經濟部長尹仲容親臨致詞。（圖片來源：中央社）

於是政府選定公營的台泥、台紙、工礦及農林四大公司移轉民營，發行四大公司股票及實物債券償付給地主；據當時估算地主持有四大公司股票變成股東的有七萬五千人之多，此一工作於一九五三年底按計畫實施完成。

但四大公司移轉民營的工作遲遲未能開展，因移轉工作極為複雜，且困難重重。首先是股東七萬五千人，如何召開股東大會，連可容納千人的場地都沒有，而且在所有地主股東中，幾乎找不到有企業經營理念及經驗的人，移轉民營後，堪當重任的經營團隊，如何籌組等均是問題。政府後來向民間徵求人才，能策劃推動公營事業移轉民營的工作者，經人推薦辜振甫，遂由經濟部派其擔任台灣水泥公司協理，以便了解台泥的業務情況，並在台泥內部進行改制的種種準備工作，以利移轉民營工作。

一九七六年，財政部長李國鼎因心臟病復發痊癒後，遵醫囑不能再負重任，因而辭去部長轉任行政院政務委員。臺大校長閻振興為使臺大學生能了解自己國家的經濟情況，特聘請李部長到臺大講授「台灣經濟發展政策與建設」課程，李部長建議臺大聘請我與他共同授課。於是在講到「公營事業移轉民營政策」時，特邀請辜振甫先生作專題演講，他除介紹自己外，現身說法的講述台泥公司移轉民營的過程，相當詳盡。茲摘其要點如下：

他首先介紹自己，他說為訓練自己準備接掌家業，求學時就主修經濟與財政，並且特別到東京大日本製糖株式會社工作四年，觀摩學習日本現代工商企業的經營管理；台灣光復後到香港三年，觀察體會香港工商業社會發展的情形及社會生態。兩度國外觀摩察訪，發現台灣要比日本、香港落後很多，主要原因就是台灣在經濟結構上，仍然陷於傳統農業社會之中，大量資金凍結在土地上無法活用，以致遲遲未能進入工業經濟的新時代。這也是他接受政府派任台泥公司協理，策劃台泥轉為民營，使農業資金轉為工業資金，促使民營化的關鍵所在，而且他也是台泥公司的大股東之一。

辜振甫接任台泥公司協理後，即以「民營台灣水泥公司股東大會籌備處」主任名義開始運作。首先要召開股東大會，他自認他的分量不夠召集所有大股東共同參與。於是他特邀請當時在台灣德高望重的姻親長輩林柏壽老先生（辜夫人嚴倬雲外叔祖）出面號召。林柏壽是板橋林家長輩中唯一活存者，林老先生早年留學日本，後在英國倫敦大學經濟學院完成大學教育，再轉巴黎深造，是當時企業界領袖人物，而且是台泥最大股東。在林柏壽的號召下，各大股東都熱烈參加，股東大會於一九五四年十一月十一日順利召開，政府首長及各界領導人應邀到場觀禮的有數十位，其中新上任的經濟部長尹仲容、內政部長王德溥、台灣省主席嚴家淦等，均為座上貴賓。

大會順利選出新公司十九位董事及五位監察人，所有大地主及企業界領導人的大股東均入選。第一次董事會大家推選林柏壽為董事長兼總經理。辜振甫為常務董事兼協理，負責處理公司轉為民營的所有任務。

辜振甫在台泥公營時出任協理，他認真研究公司整個典章制度、組織、人事與業務，然後切實檢討公司優缺點。在新團隊確認後，他就將優點保留，缺點加以改進，接著就是致力於「管理現代化、經營企業化」，以提升公司競爭力。他之後也順勢升任總經理，最後接任董事長。

尹仲容於一九五三年九月接任工業委員會召集人，仍兼中信局局長，一九五四年六月，政府再任尹先生為行政院政務委員兼經濟部長，此時已是身兼三職，可見政府對尹先生的重視，賦予他更大的任務。辜振甫是國營台泥公司的協理，是尹部長的屬下。他談到台泥移轉民營及與尹部長關係時，他說由於他是尹部長的屬下，常有事向尹部長請示，尹部長每必懇切指示，並當面囑咐說：「政府為貫徹國父遺教，實施土地改革及耕者有其田政策，首先將台泥公司轉為民營，你應從速進行準備工作，促其早日實現。移轉民營後，尤希好自為之，以作台紙、工礦、農林三公司移轉民營的示範，進行中如有任何困難，可來商討共同解決。」

台泥公司新團隊接班後，雖然很順利，但細節繁瑣，問題實在太多，有時不得不求教於尹部長，他都明快果斷化解問題。國營四大公司移轉民營工作，都是在尹部長不遺餘力的輔導下完成，這在我國經濟史上是個劃時代的創舉，也顯示尹部長發展民營企業的一貫熱忱。

尹先生擔任經濟部長期間，除推動以上重要工作外，對他在生管會及工業委員會時代推動的民營工業，持續大力扶持，並創設新工業。因此，自一九五一—五五年，尹先生主持台灣工業發展，民間製造業實質生產平均每年增加二六%，五年間合計增加二・二倍。後來在他建立的堅實基礎上，一九五六—六五年的十年間，民營工業繼續以高速成長進行，十年間再擴展三・四倍，達到尹先生所期待的擴大經濟規模目標。而且一九六五年七月美援停止後，我們經濟還能繼續維持高度成長，尹先生奠立的基礎，其功不可沒。

再看他於一九五七年八月復出後，先後推動的外匯貿易改革，「加速經濟發展計畫大綱」、「十九點財經改革措施方案」，獎勵投資條例，改善投資環境等等，是他於一九五五年經濟部長任內，在台灣省工業會年會中，所宣布的未來台灣經濟發展藍圖，全部實現。

第三章　尹仲容因案訴訟纏身㉒

一、中央信託局貸款「揚子木材公司案」尹兼該局局長而被告

一九五五年三月十五日立法委員郭紫峻，在院會中向行政院長俞鴻鈞提出「揚子木材公司貸款案」質詢，內容是揚子公司負責人胡光麃涉嫌以不正當手法向政府貸款，案子涉及尹仲容主持的中信局業務，因而被牽涉在內。

揚子公司負責人胡光麃在大陸時期，即曾替政府承造軍用物品，經國防部協助遷台，台灣省政府助其建廠，其產品包括木質橋梁、活動房屋、軍隊營房、空投箱及小型登陸艇等等，並獲得美援工程顧問單位之懷特公司及美軍顧問團致函中信局，說明揚子公司設備優良，產品合用，美軍顧問團決定將給予軍品訂單。惟該公司因缺乏周轉資金將停頓，因而我國聯合勤務總司令部先後致電中信局予以扶助，以利軍需。且日本麥帥

總部購買「空投箱」公開競標，揚子公司中選，獲得駐台美軍顧問團的稱讚。

世界上工商業不與金融機構往來的，可說鳳毛麟角，而中信局在尹仲容主持下，一向以扶持民營產業為職志，對具有技術能力，又有訂單，且對國家軍事工程有所貢獻，給予貸款應是正常之事。然而，揚子公司雖有質押品，卻因財務周轉困難，不免時有轉期情事，郭委員遂以這一點指控胡光麃藉勾結官員騙取國家財物，進而爆發重大弊案。

俞鴻鈞院長於當日下午即令飭各有關機構，各就揚子公司有涉的事實真相，詳細呈報，以便研擬答覆立法院。行政院在彙整各方報告送立法院時，俞院長將該案手令司法行政部：「關於揚子木材公司連續騙取國家財務一案，各有關主管機關人員有無瀆職舞弊情事，交該部轉飭最高法院檢查署，依法偵查辦理具報。」

當尹召集人被檢察官起訴，ＩＤＣ同仁就認為行政院長俞鴻鈞未能在他職權範圍內做有效處理，而將該案批交司法行政部轉飭最高法院檢察署，依法偵查辦理具報，是不負責任的作為。雖俞鴻鈞歷任要職，大家都知道他崇法務實勤政愛民，但對尹案的處理，以為麻煩事推給法院處理，他就可落得輕鬆了，而引起不平之鳴。

尹仲容在政府官員中，勇於任事，敢於負責，是大家所熟知的。他早在生管會時代，就寫了一幅，絕不可存「多做多錯，少做少錯，不做不錯」之心理！應抱有「多做事不怕錯之勇氣，只要不是存心做錯！」作為他為官處事的座右銘。

當俞院長將該案指示司法行政部依法偵查的當日，尹先生就將擬好的辭呈，向俞院長呈辭中信局長及經濟部長職務。辭呈寫著：

「仲容猥以輇才，自三十九年（即一九五〇年）冬，出任中央信託局局長，瞬逾四載。去年六月以來，因職務太多，無法兼顧，一再請辭，雖迭奉面准，但迄未蒙派員接替。茲因揚子公司貸款案，責言交呈，仲容自信此案即交法院，事實如何終必大白。然在此群情疑惑之餘，實不宜繼續到局辦公。自應重申前請，懇即派員接替，公私均感。

仲容邀蒙知遇，承乏經濟部部長，於茲十月，自慚才薄，愧無建樹。今因立法院郭委員質詢中，涉及在中信局任內貸款之責任問題，該案即奉鈞院交司法機關偵辦，真相終必大白。惟仲容在中信局局長任內，既不能止謗於未萌，備位閣員，更何能取信於中外。為此擬懇准予辭去經濟部長職務，披瀝陳詞，敬祈俯准，實感德便。」

辭呈送出後的三月二十三日，政府派我國駐國際貨幣基金（ＩＭＦ）副執行董事俞國華繼任中信局局長，經濟部長職務則予以慰留。

四月一日總統蔣中正召見尹部長，當面安慰他靜候法律調查，他亦報告總統將以平常心應對，四月六日將應革命實踐研究院（此係蔣總統所創辦）的邀請，將前往演講

「台灣經濟建設問題」，總統頷首嘉許，連說很好、很好。陳副總統夫人亦來探望。

七月二十六日揚子案在台北地方法院提起公訴，尹部長當日再呈俞院長請辭，原呈如次：

「院長鈞鑒：

頃接台北地方法院起訴書，關於各行局貸款揚子公司案，對仲容提起公訴。仲容自維對於此案，一秉補助民營事業及協助軍事工程之原則辦理，問心無他，自應靜候法院之公平審理，以明是非。惟仲容備位閣僚，既需對簿公庭，自不能專心政務，擬請准予辭去政務委員兼經濟部長職務，以免貽誤，公私均感。職尹仲容謹呈四十四年（一九五五）七月二十六日。」

旋奉俞院長批：「在應訴期間，可准停職，並派政務次長徐鼎代行部務。」

揚子案經台北地方法院一審後，於一九五五年十月三十一日宣判尹仲容、胡光麃、周賢頌（中信局副局長）三人，全部無罪。但最高檢察處卻於當日下午，即下令台北檢察處提出上訴，三天後再次對台北地檢處發出命令，除斥責該處遲遲不提出上訴的延誤之責外，還飭令台北地檢處「嚴遵前令辦理上訴」。於是台北地檢處上訴時敘明「奉最高檢察處命令提起上訴」，這是過去從沒有的現象。顯示最高檢察處有人要入罪於尹仲容，

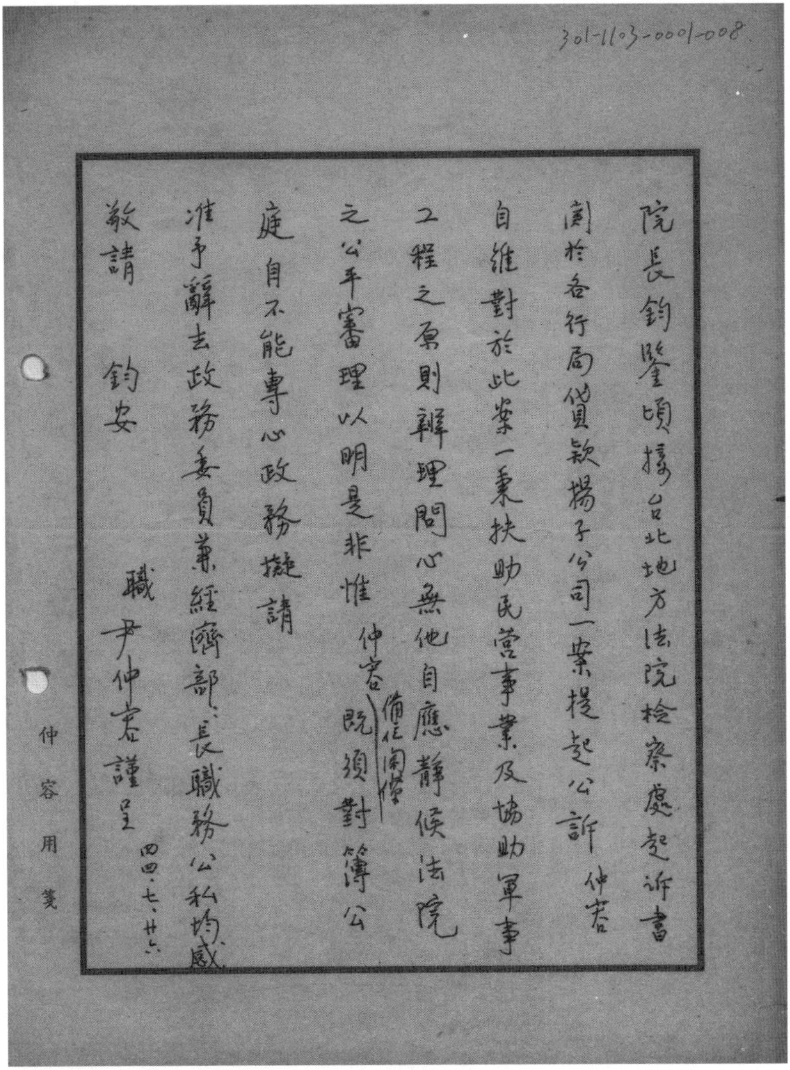

301-1103-0001-008

院長鈞鑒頃據台北地方法院檢察處起訴書
關於各行局貸款揚子公司一案提起公訴仲容
自維對於此案一秉扶助民營事業及協助軍事
工程之原則辦理問心無他自應靜候法院
之公平審理以明是非惟仲容備位閣僚既須對簿公
庭自不能專心政務擬請
准予辭去政務委員兼經濟部長職務公私均感
敬請
鈞安
職 尹仲容謹呈
四四、七、廿六

仲容用箋

經濟部長尹仲容親筆簽呈行政院長，辭部長職。
（圖片來源：NYCU陽明交大圖書館）

而創下此惡例。

於是尹先生於一九五五年十二月一日交卸經濟部長及經濟安全委員會兼工業委員會召集人職務，由江杓繼任。

最後，台灣高等法院二審於一九五六年二月二十九日駁回台北地院檢察官的上訴，確定尹仲容等三人無罪，喧騰一時的「弊案」終於落幕。

雖然法律已還尹先生清白，但我們ＩＤＣ同仁都認為，當初行政院俞鴻鈞院長處理不當，使對國家經濟有極大貢獻，痛恨貪汙的閣員遭受此不白之冤，不僅對尹先生身心造成極大傷害，而且對尹先生座右銘中特別提出的「絕對不可存有多做多錯，少做少錯，不做不錯心理」，是一大諷刺，也給政府官員一大警惕。此案對日後尹先生英年早逝，應有莫大關係，對國家經濟更是嚴重打擊。六十年後的今天，我寫到此段時，回憶到當時情況，仍有不平之情。

此案雖早已終結，但我認為尹先生在訴訟過程中，有兩件事仍值得一提，可讓讀著對尹先生有更深的了解。

一是尹先生到庭應訊時，當庭提出的口頭說明：

「本案自檢察官提起上訴以後，我始終保持緘默，相信法律之前，自有公平的判斷。

今天鈞院開庭，再就重要各點，加以說明。

我在中信局任內，貸款給許多生產事業，絕不因對其主持人認識，便特予優待，也絕不因對其主持人不相識，便特別歧視。

中信局原來沒有代管工廠的先例，在我局長任內代管了利源化工廠；原來沒有出票的先例，我代人造絲公司出了四百萬美元票據；沒有創辦工廠再交民營的先例，我籌辦了新竹玻璃廠交予民營；普通銀行不願做的廠房設備押款，我為了擴充有希望的工廠，也照樣做了：前後有台元紗廠、新台灣紗廠、鴻福絲廠、經緯織廠、新光內衣廠等。這些案件在辦理期間，曾受到少數外人和局內同仁的反對，可是每一件的結果都很成功。我何嘗不知道多一事不如少一事，不過我總覺得凡對國家有利的事情，中信局可以做的都得去做，我個人因此多負一點責任也是應當的。

像剛舉的幾件事，都是創例，後來沒有人以『奇特』指摘我，而揚子公司貸款案，卻被加上『奇特』的頭銜，實在很難理解。

揚子一案，不過是我經辦扶持許多事業中的一個，而它也確實因中信局扶助而做了不少事，它的債款並沒有落空，只是還沒有結清，想不到會遭到控訴。

如果一切不求有功，但求無過，惟恐負責太多，我當然不會有今天的麻煩。我奉行扶助民營事業的政策，協助軍工，配合美援，毫無圖利第三人的事實，自然絕對沒有要擔當刑事責任的可能。」

尹先生這許多舉證，說明都不是一個有徇私之情的人，能說得出口的，他坦然面對庭上侃侃陳述，毫無懼色，令人感佩。下一個例子，更證明尹先生為官處事的態度。

二、工業界領導人士投書為尹仲容申冤

當尹先生遭檢察官起訴後，台灣工業界領導人士，如林雲龍、林柏壽、唐傳宗、林挺生、李占春、許金德、吳敦禮等數十人，為尹先生涉案深覺不平，聯名呈請有關當局，希望在處理揚子案時，以國家建設為重，不要讓勇於負責主管人員蒙受冤抑。呈文主要內容如下：

「揚子公司案，經濟部尹部長因在中信局長任內貸款該公司之責任問題，民等未盡明瞭，深信司法當局能作公平的判斷。惟尹部長自民國三十八年（一九四九）負責生產事業管理委員會及現在的工業委員會，即與本省工業界時相接觸，四十三年（一九五四）出任經濟部長，更為本省工業政策之執行者。尹氏六年來的政績及其對本省工業之貢

獻，民等均有深切的認識，如本省過去缺乏紡織工業，自得尹氏之鼓勵，紡織工業突飛猛進；他如電力、肥料、鋼鐵、麵粉、化學、電工器材、水泥、榨油、自行車、橡膠、造紙等諸工業，亦得尹氏輔導之功。

尹氏才識卓越、處事果斷、不避勞怨、勇於負責，尤能不分省籍、不分公營民營，不偏不倚，一切以國家之利益為前提，此種公忠體國之作風，深為民等欽敬。倘疑其有瀆職之嫌，則將使賢者灰心、敵人快意，大家袖手無為，以推諉為能事。民等對尹氏清廉自守，尤所深知，倘其果有營私舞弊情事，民等何敢為之左袒。伏呈鈞座，念其瘁勞，以本省工業為重，國家建設為重。」

工業界人士如此勇敢的、坦率的，公開支持尹先生為人及作為，這是中國歷史上從來未有的首例。當時ＩＤＣ同仁得知此事後，相互傳告，認為工業界這許多大老級人士，對尹先生有深刻的了解，如此敬重，尹先生六年來無我無私的為國家經濟戮力從公奉獻，終於得到回報，我們同仁在心理上也都有安慰之感。

揚子案之所以會發生，外界很難了解，據工業委員會老同事王昭明（他是ＩＤＣ祕書、協助尹先生撰寫訴狀），後來寫回憶錄時透露：「尹先生在一九五四年六月出任經濟部長之後，曾請辭中信局長職務，已得上峰同意，但遲遲沒有派人接任。那時，中信局有位資深副局長，很希望尹先生早日辭卸局長職務，由他升任局長，就找出一些資料，想把尹先生轟走。他找到和他同一派系的立法委員，以揚子案為材料，在立法院會議中大力攻擊尹先生，後來水落石出，尹先生獲得無罪，這個陰謀終於被發現，這位副局長不但升官不成，連副局長職位也被剝奪了。」

這位自私自利的中信局副局長，不但害人也害己，更對國家經濟造成重大傷害。這一案例公開後，給後人一大警惕。

三、兩審法院均判決尹先生等無罪

兩審法院均判決無罪，當然令尹先生欣慰，但自案發以後，他所受外界加諸的「罪」不可謂不重，先是立、監兩院的抨擊，再是報章雜誌交相指摘，連廣播也不例外，用辛辣挑撥的詞句，做刻毒的譏諷。等到判決無罪消息傳到，他受折磨的心，似難一時之間釋然開展。

不過，案發後尹先生並未像一般人的灰心喪志，他除應付訴訟外，居家看書、讀《聖經》及搜集郭筠仙一生的事蹟，準備為他做年譜。他愛讀書，每日讀書的習慣數十年

尹仲容辭部長訴訟期間，閉門讀書。
（圖片來源：翻攝自《台灣經濟的領航人 尹仲容》）

未有間斷，不僅增進識見，也可讓時間很快度過；每日閱讀《聖經》，智慧的語言給他啟示，也撫慰了他的傷口。郭筠仙是郭嵩燾的號，清光緒初年，以兵部侍郎出任英法大臣，他的抱負因曲高和寡，未有發展。尹先生認為郭筠仙是當時第一位有世界知識的人，他的膽識才華遠在曾國藩、左宗棠、李鴻章之上。近百年來，很多具有世界眼光的人，如郭筠仙、嚴幾道等，都未能得志行道，是國家民族的損失。他給郭筠仙編年譜，雖早在來台之初，就有這個念頭。實際上，尹先生嚮往郭的才氣與品格，而他自己為人也頗與郭相似。

更難能可貴的是，尹先生受此嚴重打擊，仍關心國家經濟，繼續深入研究國家未來長期發展的途徑。他對來訪的老友前立委白渝，陳述他的看法：「經濟活動是人類活動的一種，與人類其他活動，包括文化的、社會的、政治的等等，有不可分的關係。這些活動是一套，從經濟發展的觀點看，要落後即全部落後，要改革全部都要改革。絕不可能其他的活動都落後，經濟活動卻特別進步，也絕不可能其他方面都不改革，而經濟方面的改革可以單獨成功。」

白渝稱他把經濟搞通了，能說出經濟活動與人類其他活動不可分，經濟不可能單方面改革成功，即使成功亦難以持久，尹所通的已不限於經濟這一學門了[23]。

由於尹先生在該兩年內，持續關心及研究台灣經濟，所以在他復出後，隨即能上手執行他的新任務。

第四章　尹仲容復出大力推動經濟改革

一九五七年八月八日行政院院會通過，任命尹仲容為經安會委員兼祕書長，一九五八年三月二十六日出任行政院外匯貿易審議委員會（簡稱外貿會）主任委員。同年八月二十一日行政院院會決定裁撤經安會，所有人員分別歸併財政、經濟、交通部及美援會，同年九月一日美援會改組擴大組織，由行政院長陳誠兼任主任委員，尹仲容任副主任委員，負實際主持之責，李國鼎任祕書長，從工業委員會轉入美援會的同仁，連尹、李共有二十六人[24]之多，絕大多數均是專家。

美援會改組後，除繼續處理美援事務外，政府還賦予統籌規劃財經政策研擬執行及協調的任務。一九六〇年七月二十一日尹先生又奉命兼任臺灣銀行董事長，是時中央銀行尚未在台復業，由臺銀代理中央銀行任務。尹先生又恢復身兼三職，策劃經濟政策、管理運用美援、外匯及金融，責任較過去更加沉重，稍有不慎，即可能對國家社會造成極大的傷害。因此，尹先生日夜都為國家前途不斷的進步策劃，真是日理萬機，連看病都沒有時間，這也是他後來英年早逝，種下了禍根。

當他於一九五七年八月十六日接任經安會祕書長後，於同年九月二十四日即發表談話，強調積極推動輸出，消除外銷的六大障礙，主要指出新臺幣兌美元匯率高估，不利出口；外匯及進口管制，阻礙市場機能運作，影響資源的有效分配；進出口及結匯手續繁瑣，傷及經營效率等等，必須要從根本上，進行全面性的改革。

尹先生在就任祕書長後，不到四十天即提出阻礙外銷的因素作了全面的檢討。顯示他在訴訟及休閒期間，並未閒著，對國家當前經濟面臨的問題，作了坦誠全面檢討，對國家經濟未來的發展，也作了深刻的規劃。

還有尹先生於一九五八年三月二十六日接任外貿會主任委員，同年四月十二日行政院院會正式通過外貿會所提的「改進外匯貿易方案」及「外匯貿易改進辦法」。外貿會亦於同日公布「進口外匯審核規則」、「貿易商申請進口外匯辦法」及「結匯證明書買賣辦法」等。

尹先生就任外貿會主任委員，能在十七天內，扣除行政院審議時間，在不到半個月內，完成這一套與過去完全不同的改革方案與各種辦法，顯示尹先生對解決問題急切的程度，可見他對該問題早有規劃，才能在這麼短的時間內完成任務，而且還可有效執行。

由此兩例，使我憶起尹先生過去處理事情的脈絡，觀察到他遇到問題，從不推拖，更不等待，他會迫不及待的想辦法，而且著眼未來，抓緊機遇，解決問題，並為未來開展新途徑，充分顯示尹先生為國為民謀利的企圖心，也顯示他高瞻遠矚的才華與勇於負責擔當的魄力，不是一般部會首長所能有的。

一、推動外匯貿易的全面改革

（一）改革的背景

台灣的外匯貿易管理自一九四九年六月開始，至一九五八年四月全面外匯貿易改革前的將近九年中，由於國際收支有鉅大逆差，外匯短缺，雖經過多次改革，但其重點都在藉嚴厲的進口管制，複雜的多元匯率，以求國際收支的平衡，並為避免匯率變動對國內物價造成影響，採取釘住美元政策，非至不得已情況，不輕易調整匯率。而且在歷次改革過程中，每對一種需要就增加一個新規定，使匯率極為複雜，除官價（基本）匯率外，尚有牌價結匯證，牌價又分臺灣銀行結匯證牌價及商業銀行結匯證牌價，有市場結匯證，有結匯證加二〇%防衛捐、有的又不加。有登記外匯制度，而且按不同出口對象訂定登記保留外匯比例，以供進口原料之用，而保留進口比例超過本身進口原料需要部分之外匯可以出售，因高價出售有利可圖，故業者無不爭取提高出口保留外匯比例，因此又因保留比例超過本身需要之大小而又產生不同匯率，故當時匯率極為紊亂。

在這多重管制之下，所有弊端都先後發生，諸如外匯貿易管制法令的繁多、管制手續的複雜、行政的腐化、價格機能的喪失、外匯的錯誤分配、生產事業的不正常發展、進口商的暴利、牌照頂讓、轉售工業原料、阻礙出口，過度消費等等，這個制度已到必須作全面改革的時候了。

不過，在作全面改革前，醞釀外匯貿易全面改革的過程中，社會上保守人士及若干既得利益團體的阻力甚大，亦有部分政府官員以當時的外貿制度，對台灣經濟的安定貢獻良多，不宜劇作變更，甚至認為過分強調市場機能，不免斲傷幼稚工業的發展，只宜作漸進式的修改。但部分有識之士則以舊有制度所生之弊端，已積重難返，不從根本變革，不足以謀求經濟的進一步正常發展。

（二）改革主要內容

一九五七年冬，老蔣總統在知道社會的呼籲後甚為重視，特指定副總統陳誠、行政院長俞鴻鈞、財政部長兼外貿會主任委員徐柏園、經濟部長江杓、經安會祕書長尹仲容等九人，組成外匯貿易改革九人小組，研討當前外匯貿易改革事宜，陳副總統擔任小組召集人。小組會議一開始，即有兩派完全不同的主張。一派主張全面改革鬆綁開放，匯率要單一化，被稱為自由派；另一派仍採取過去循序漸進的改革方式，且指出台灣好不容易走出惡性通貨膨脹的惡夢，物價已趨於穩定，若新臺幣立即大幅貶值，且開放鬆綁，不僅通貨膨脹會死灰復燃，外匯短缺也會崩盤，期期以為不可，被稱為保守派。

當時社會正瀰漫著濃厚的保守氣氛，那一批持全面改革鬆綁的官員及學者，似乎顯得格格不入。在外貿改革九人小組中，主張全面改革開放的主導者，是尹仲容先生，而採循序漸進的主導者，是徐柏園先生。小組會議中，經多次熱烈討論後，雙方爭執不下，也難以妥協。我相信以俞鴻鈞院長過去行事的作風，他應是支持保守派的，徐、俞都是老蔣總統屬下的兩位財經大將，尹仲容不論在身分上與職位上都顯得是弱勢。但他有理走遍天下的人格特質，不懼權威，堅持不讓，充分發揮國父哲嗣孫科院長送我的卷軸所錄國父語：「吾心信其可行，雖移山填海之難，終有成功之日」的精神。最後小組會議決定雙方意見並陳，報請小組召集人裁決。

當一九五七年冬「外匯貿易改革九人小組」成立時，嚴家淦是行政院政務委員兼美援會主任委員及經安會副主任委員，於一九五七年九月奉派出席國際貨幣基金暨世界銀行理事會第十二屆年會，中國代表團首席代表赴美國華府與會，會後赴舊金山參加國際工業會議。嗣又回華府海軍醫院治病，於一九五八年元月四日返國。因此，外貿改革九人小組嚴家淦並未參加。待其回國後，陳副總統即召見嚴家淦，將外貿改革九人小組研究結論報告面交嚴家淦研究，並責成他承擔決策的責任。

嚴先生拿到該報告反覆研究後，認為保守派儘管指稱政府進行全面性改革，鬆綁開放，會引發負面影響，如新臺幣大幅貶值的話，進口物價上漲，會使通貨膨脹死灰復燃。如改革不採取配套措施，這些負面影響是有發生可能，不過，可以透過各種政策工具加以化解。他進一步解說管制已經走入死胡同，經濟無法開展，而自由化已是世界大趨勢，應朝著自由化的方向努力。於是，他親自向陳副總統報告，說明分析經過及利弊得失，成功說服了陳誠副總統。

陳副總統於是把外貿會主任委員徐柏園請來，對徐主委說，他已決定採行全面性外貿改革建議，詢問徐主委能否執行全面改革開放政策？徐柏園坦率回答說，無法執行。陳副總統乃以壯士斷腕心情，換掉這位老總統最賞識的財經官員。不可否認，當年陳副總統能做出這項重要人事安排，也得經過老總統首肯才行。陳副總統知會俞院長修改外匯貿易審議委員會組織條例，主任委員不再由財政部長兼任；同時行政院局部改組，任命嚴家淦接任財政部長、楊繼曾接任經濟部長、經安會祕書長尹仲容任外貿會主任委員，負責研擬及推動全面性外貿改革[25]。

尹仲容於一九五八年三月二十六日接任外貿會主任委員後，即積極研擬外匯貿易全面改革方案，報請行政院於一九五八年四月十二日核定公布實施。不過為兼顧經濟的穩定，在過渡時期仍採行二元匯率及外匯結匯證自由買賣制度，並逐步放寬進出口管制，至一九六〇年七月一日統一匯率為止，外匯貿易改革告一段落。其間重要的改革內容如下：

1、簡化匯率：即將過去複雜的多元匯率，先簡化為兩種，再改為單一匯率；並將新臺幣大幅貶值，在改革前通用的匯率每美元兌新臺幣二十四・七八元，改革後的一九六〇年七月一日單一匯率為四十元，貶值三八％，已達真實匯價水準。

2、放寬進口管制：進口商取消進口配額制度，設定各類物資進口預算限額，在此

1958年財政部與外匯貿易審議委員會首長交接儀式後，新任財政部長嚴家淦、外貿會主任委員尹仲容合影。
（圖片來源：聯合報）

額度內，廠商可自由申請進口外匯；最後各類進口預算限額亦予廢止，進口商可以隨時申請；並逐步將禁止或管制進口物資，改列為准許進口物資，僅有極少數還列為管制。此案之所以能夠執行，誠如前文所述，獲得美援當局支給三百萬美元，做周轉之用有關。

3、鼓勵出口：除調整匯率使接近真實匯價外，其他鼓勵辦法包括：①出口所得外匯給予一〇〇%結匯證，並得在市場自由買賣；②減少出口管制及簡化手續；③機動調整出口底價；④協助解決外銷困難，如擴大出口退稅範圍，並簡化退稅手續，擴大外銷貸款及充分供應進口加工原料外匯等。

此次外匯貿易改革的基本精神，乃在於將過去消極的限制進口，改為積極的鼓勵出口，將偏低的匯率大幅貶值，並恢復市場機能，學者稱「局部性的自由化」，使國際收支逐漸平衡，並促進工業及經濟的快速發展。

尹仲容以外貿會主任委員身分，於行政院核定「外貿改革方案」實施的同一天下午，召開記者會，就事先準備的有關外貿改革方案的主要內容及外界可能疑慮的問題，設計了三十二個答客問，並當場作了完整的說明，充分表現外貿改革方案的精神。不僅讓當場的記者們感覺收穫甚豐，翌日媒體公布後，也讓全民了解外貿改革方案的重要內容與基本精神，使在實際作業時，避免了許多不必要的問題與困難，可見尹主委設想之周到。

外貿改革方案實施後的一九五九年十月，在美援會出版的《國際經濟資料月刊》第三卷第三期發表了尹先生撰寫的〈對當前外貿管理政策及辦法的檢討〉一文中，就改革方案實施一年多來，所顯現「外貿改革方案」的基本精神，他指出：

1、希望逐漸建立自由貿易制度，取消數量管制和複式匯率，恢復價格機能。

2、調整匯率使其比較接近真實的程度，並部分採取彈性的匯率，以取消對許多進口品不必要的變相補貼（優惠進口匯率等於補貼），和對許多出口品的變相課稅（出口適用偏低的匯率等於課出口關稅），因而遏止過度的消費，減少進口商的暴利，消除進口牌照頂讓和轉售進口工業原料，阻止若干生產事業不正常的擴張並促進產品出口。

3、除以調整匯率和採取彈性匯率，來取消對出口的變相課稅外，並採取了其他許多鼓勵出口的措施，希望出口事業可以獲得足夠的誘因，從事於出口的擴張，刺激國內的經濟發展，逐漸改善國際收支逆差，最後使整個對外經濟活動恢復正常，這是這次改革目的的中心要點之一。

同時他在該文中鄭重申明，這次改革祇是一種過渡，以後仍將隨一般經濟環境的改善，而將各種不正常的管制辦法逐步放寬，我們最終要做到匯率祇有一個，要做到沒有任何管制為止。

該文將尹先生對國家經濟未來長期發展的雄心壯志，表現無遺。這也是後來研擬「加速經濟發展計畫大綱」和「十九點財經改革措施方案」的原因之一。

外貿經過這次全面性的改革後，是否會出現當年保守派擔憂的「通貨膨脹」死灰復燃？根據行政院主計處發布的台灣消費者物價指數，自新臺幣於一九六〇年七月貶值為四〇元兌一美元後的一九六一年，到第一次石油危機發生前的一九七二年十二年間，平均每年上漲三・三％，與工業國家平均上漲三・五％，毫不遜色，顯然「通貨膨脹」並未因新臺幣大幅貶值而復燃。

至於新臺幣大幅貶值後，並未引發通貨膨脹的原因，及外貿全面改革對整體經濟所產生的影響，將於尹先生繼續推動的「加速經濟發展計畫大綱」、「十九點財經改革措施方案」、「改善投資環境」及頒布實施「獎勵投資條例」等政策中，再作全面性探討。

二、推動經濟全面改革

（一）美援大事變革

早在美國副國務卿一九五九年十月來台之前，美國國際合作總署駐華共同安全分署署長郝樂遜（W. C. Haraldson），於一九五九年六月十一日應建設雜誌之邀，發表以「台灣之經濟發展」為題之演講。郝氏以一九五三至一九五七年，該署自己編製的國民所得統計為基礎，對台灣經濟發展情勢作研判，指出台灣消費增加過速，而投資增加緩慢，提出嚴重警告。建議我們必須使台灣的經濟更堅強，更有生產力，唯一的辦法是把我們所生產節省下來的錢不消費而去投資。並作下列呼籲：

1、減少政府及私人消費，藉以節省更多的資金用於投資。

2、設法刺激更多的經濟活動，以期用同樣的資金能獲得更多的生產，亦即鼓勵生產與投資。

3、爭取更多的美援。

郝氏演講獲得各方熱烈反應，多表示贊同。也受到美援會的重視，認為郝氏講詞主要觀點正確，並切合台灣經濟實情。郝氏以台灣為應付人口快速增加（當時人口自然增加率高達三．五％）及其他需要，應大量增加投資加速經濟發展。但過去五年消費增加太快，而儲蓄與投資偏低，如此勢必阻礙經濟發展，造成經濟危機，降低人民生活水準。因此，他主張減少政府支出及民間消費，刺激經濟活動，特別是要加速企業投資。實際上政府也不斷呼籲人民節約，及採取種種措施，以鼓勵投資，但成效尚不夠顯著，需要進一步採取更強烈的措施才行㉖。

一九五九年十月二十日美國副國務卿狄倫（C. Douglas Dillon）來訪，行政院指定美援會負責接待及有關事宜。尹副主委指示李國鼎祕書長為其作簡報，預定報告五十分鐘至一小時。李祕書長要我為其準備簡報資料，內容為過去幾年運用美援所獲得的成就、當前所面臨的經濟問題，及今後的展望。這是我第一次作簡報，我以一周時間完成二十多頁的簡報，其中絕大部分都是運用統計數字繪製成的圖與表，完成初稿後，即向李祕書長及尹副主任委員報告，獲得兩位長官的認可。

當美國副國務卿狄倫到來時，尹副主任委員請副總統兼行政院長及美援會主委陳誠主持會議，並邀請財政部長嚴家淦及經濟部楊繼曾參加。

會議開始，主持人陳副總統致詞，除歡迎狄倫副國務卿到訪外，對台灣近年來整體情況，作了懇切說明。就經濟方面而言，陳副總統指出：我們的主要目的在促進台灣經濟的長期發展，從落後的生產型態轉變為進步合理的生產型態，以提高生產力，增加國民所得，我們深知這是長期改善人民生活的唯一途徑，也是經濟上謀求自立的坦途。

我們在經濟方面一切努力和措施，都是向著這個目標的。現在我們已在開始收穫過去幾年努力的成果了。……我們人民的生活已獲得普遍的改善，已能享受比較合理的生活水準。

在我們努力過程中，還有兩件事，值得我提出的：

一是，我們所得分配比較平均，沒有一般落後國家貧富差距十分懸殊的現象。

二是，民營企業在政府的重視與扶植之下，已得到蓬勃發展。因政府鼓勵民營企業，使其在經濟中所占地位的重要性，大為增加。

我要在這裡特別強調指出的是，所有這些成就，都是在一個自由經濟社會和民主政體下所完成的。

以上所說的這些經濟發展成就，如果沒有美援，我們將很難達到今日的境地，重要經濟建設計畫的執行和重要民生物資的進口，美援都給了很大幫助。

但是儘管台灣已有了上述的很多成就，我們在經濟方面仍然遭遇了許多極其困難的問題：

一是，台灣所獨有的問題，即是維持一支強有力的武裝部隊，所加諸整體經濟和財政上的負擔。

二是，人口的快速增加，和資本累積的不足，這些都是經濟從落後型態轉變為進步型態所共有的現象。我們只有盡一切力量，縮短轉變時間，讓這些現象早些過去。

此外，還有一個問題值得特別指出的，就是十餘年來軍公教人員以極低的待遇，固守崗位，努力的長遠目標固然在使億萬同胞從暴政之下解放出來，但對目前生活的改善，期望也極迫切。可是目前政府經濟負擔沉重，我們所能做的改善有限，這也是一個亟待解決的問題。

為了要解決這些問題，我們不得不借重外來的援助。就是目前的美援和國外私人資本的流入。尤其後者才是先進國家幫助落後國家從事經濟發展的正常途徑。因此我國政府已採取了許多具體措施，改善一般投資環境，以吸引外資來台。但這種工作不是即刻可以收效的，所以在外資尚未大量來台以前，我們希望目前方式的美援仍然繼續，以暫時填補資金需要的空缺，援助的數額愈能適合我們的需要，我們經濟發展便愈快，而距離經濟自力不需外援的時間也愈短。

陳副總統的致詞，說明過去幾年我們在美援支持下，所獲得的成就，和坦誠檢討我們在經濟方面當前所面臨的問題，不卑不亢、合理的希望在過渡期間美援繼續給我們支援，以早日能「自力成長」，不再需要美援。

隨後，李祕書長進行了約五十分鐘的簡報，完全配合陳副總統的致詞，作了補充說明[27]。

在尹副主任委員、嚴部長、楊部長發言後，美國副國務卿狄倫致詞，就美國援外政策作一說明：

一、美國援外政策一般的目的，在盡力協助各自由國家，尤其是開發落後國家的發展，中華民國在其中占有一特殊地位。因為中國人民之能力，遠較亞洲其他各地人民為高，故發展亦必遠較迅速。在中美兩國合作之下，台灣必能成為其他正在從事發展國家的一個模範。在落後國家的開發過程中，一面需要竭力開發及利用當地的資源，另一面還需利用私人投資的力量，而不能僅靠美國政府一隻手的力量完成工作。

因此，美國政府正盡力設法鼓勵私人資本向國外投資。但美國政府祇能誘導，而不能指定私人資本向何處投資，因為私人資本尚有其他投資環境的考慮。台灣現已採取措施，改善投資環境，如能以政府力量配合私人資金從事開發，則必能吸引更多國外私人投資前來。

二、美援的重心已由經援移向開發貸款基金，此一趨勢以後將更為顯明，在開發貸款基金考慮貸放國家中，台灣之優先地位實為最高。但美國在政策上開發貸款基金不能事先決定以一定之金額，在一定時間內貸給某一國家，而必須根據個別計畫之健全性，及所送資料之是否完備，逐一審核決定。

台灣一般技術水準較高，申請開發基金貸款時，自較其他開發落後國家占有優勢。因此，台灣當為可能獲得大量開發貸款基金之理想地區。如在開發貸款基金之外，再能像香港情形，吸引外人及華僑投資，配合開發，則台灣不難成為遠東之一模範地區。

狄倫最後補充，台灣政府所提出申請開發貸款基金之計畫，如能擬定優先次序，則可節省開發基金當局審核計畫之時間，並免耽誤重要之計畫。

會後，尹副主任委員將狄倫副國務卿所提美援政策將改變的提示，交美援會資料室王作榮主任研究，不久又傳來美國國際合作總署代理總署長薩西奧（Leonard J. Saccio）將來台，並有重要消息宣布。

同年（一九五九）十二月二日薩西奧來台，真的提供了重大消息。他說的大意為美國援外款項已開始削減，援外政策乃隨之改變，將選擇若干條件較為優良及有能力成為自由地區楷模的國家給予「重點援助」，希望在若干年後，不再需要美援。同時表示，中華民國為具有此等希望國家之一，希望能進一步提出促進經濟發展之新計畫，以爭取美國之「重點經濟援助」。

在薩西奧宣布此一訊息後，我方財經首長包括美援會副主委尹仲容、財政部長嚴家淦、經濟部長楊繼曾與美援會祕書長李國鼎，經多次研討因應對策後，尹副主委與李祕書長，再與美駐華安全分署郝樂遜研商。郝氏於一九五九年十二月二十日正式致函美援會尹仲容副主委，提出台灣要加速經濟成長，並建議八點改善措施。尹副主委接函後隨即與財政部長嚴家淦及經濟部長楊繼曾會商，祕書長李國鼎亦參加，大家認為郝氏的建議與我方的想法不謀而合，我們將研擬經濟全面性的改革方案，遂先後向陳副總統及老總統報告，老總統指示「自力更生」。財經首長商討決定將未來四年（一九六一—六四平均每年經濟成長率自過去的六．五％，提高到八％，至於提高的所得不要用於消費，而留作儲蓄，以提高自給的投資財源，逐步減少對美援的依賴，請美援會研擬「加速經濟發展計畫大綱」及參考郝樂遜八點建議，研擬全面性的整體經濟改革方案。

尹副主委在與財經首長會商後，即召見資料室主任王作榮說，郝樂遜的建議，雖與我們想法不謀而合，不過他的八點建議，還是局部性的改革，其重點限於對軍費的限制與金融、外貿的改革為主，而且外貿改革我們已在進行中，與我們要達到「自立自強」、建設現代化國家的目的，尚有很大的距離。他指示盡速研擬「加速經濟發展計畫大綱」及經濟全面性的改革方案。

（二）推動「自立自強」計畫

美援會尹仲容副主委將該案面交王作榮，並交代盡速辦理。資料室當時能獨立做研究的只有王作榮與我兩人。經研商結果，因時間緊迫，分頭進行，我負責研提加速經濟發展計畫大綱所需要的各項數據，寫成初稿，王主任負責加速經濟成長後，提高的所得不用於增加消費，而留作儲蓄，以增加投資財源，同時參考郝樂遜所提八點建議，提出全面性的財經改革措施，實施後，不僅很快不再需要美援，也希望能早日成為現代化國家。

1、實施「加速經發展計畫大綱」

我在接到該項任務後，首先考慮的是未來四年要加速成長，爭取美國的「重點經濟援助」，四年後即可不再需要美援。因此，估計未來四年所需要的投資數字，其估計方法必須要合理，且符合科學化，才能獲得美方的信任，所估計的數字，才能讓他們接受。可是過去兩期四年計畫，均沒有作整體經濟的設計，只有重要建設計畫的規劃，所需要的投資亦只是重要建設投資的合計，並非整體經濟所需要的投資。現在就要作未來四年整體經濟投資需要，究竟要採用何種方法來估計？

正好不久前閱讀聯合國遠經會的報告有一篇介紹「哈羅德－多瑪模型」（Harrod-Domar model）給會員國參考，作為總體經濟計畫設計的基礎。現在看來「哈羅德－多瑪模型」太粗糙，可是在當時確是比較進步且最受歡迎的總體經濟計畫設計方法，為許多實施經濟計畫國家所採用。

「哈羅德—多瑪模型」，是計算過去「邊際資本產出率」變化趨勢，設定未來計畫期間的「邊際資本產出率」，計算投資的需要。所謂「邊際資本產出率」是指經濟成長每增加一%，需要投資增加的百分比。而影響「邊際資本產出率」高低，主要受產業結構變化的影響。如勞動密集產業生產的增加，其需要投資增加的比例就低，但建設重化工業及基本設施建設所需要增加投資的比例就高。而當時我們正在設計規劃第三期四年計畫（一九六一—六四），除要加強農、工、交通運輸產業外，還要建設石門水庫，尤其建水庫不僅要大量投資，而且建設時間較長，四年間沒有產出，因此，第三期四年計畫的「邊際資本產出率」就要比過去提高，同時財經首長決定將未來四年平均每年經濟成長率，自過去兩年平均每年六．五%提高到八%，可作未來四年需要投資的重要依據。

該時，行政院主計處已編算完成一九五二—五八年的國民所得統計帳表。我就引用「哈羅德—多瑪模型」計算過去七年「邊際資本產出率」設定未來四年的「邊際資本產出率」，估算未來四年整體經濟每年需要的投資額後，再估測其可能的財源。首先估計未來四年政府財政收支，其中能用於投資建設的金額是多少，其次估計民間在經濟成長加速，所得大幅提高後，希望民間消費的增加，仍維持過去的增加率不要提高，讓增加的所得儲蓄起來，提高投資財源；再估計僑外資投資金額，因當時為加速經濟發展需要改善投資環境，美援會已於一九五九年十二月一日報准設置「工業發展投資研究小組」（簡稱投資小組），負責有關法令的修訂，簡化投資手續及為國內外投資人服務，協助其解決所遭遇困難，因此未來四年僑外資應有增加的可能。在以上估計完成後，與前述引用「哈羅德—多瑪模型」所估計需要的總投資比較，其差額即為希望美方援助的金額。

希望美方援助的金額又分兩類：一是根據過去美方給予的「防衛支助」援款，二是「開發基金貸款」，未來四年希望還能維持過去的金額，再不足就請美方給予「重點經濟援助」。

其中美援「重點經濟援助」，希望美國政府於編擬其一九六一年度預算法案提報美國國會時，能將對我「重點經濟援助」表現於該法案之中。

在整個估計投資需要與財源過程中，都與美援安全分署主辦同仁不斷溝通，徵詢他們的意見，都獲得他們的熱烈支持。在估測完成後，寫成「加速經濟發展計畫大綱」草稿給王主任，經王主任的修改補充，完成初稿。

估計未來四年（1961-64）所需建設投資金額如下：

	投資金額（百萬美元）（按1958年幣值計）	各項投資財源占合計百分比（　%　）
合　　計	1,128	100.0
政府可投資	304	27.0
民間可投資	424	37.6
華僑及外人可投資	60	5.3
需要美援的金額	340	30.1
其中： 1. 比照過去給予的防衛支助及開發貸款基金 2. 重點經濟援助	 （240） （100）	

2、實施「十九點財經改革措施方案」

一九五九年十月，美援會尹仲容副主委將美國狄倫副國務卿傳遞的信息，交資料室主任王作榮研究。王公（當時美援會同仁都稱他王公以示尊重）指示我，先就行政院主計處所發表的近年來國民所得統計（與美援公署自行編製的國民所得統計有差距）的變化情況，作檢討分析。

當時主計處已統計一九五二—五八年國民所得統計，我分析檢討後，獲得下列結果：

（1）一九五二—五八年六年平均每年經濟成長率達七．七%，當時在國際間是比較高的成長率；但若將該六年分兩階段比較，前三年（一九五二—一九五五）每年成

美援會副主委尹仲容（左）與美援公署長郝樂遜（右）於1958年簽署美援合作協定，後排右起為美援會祕書長李國鼎、財政部長嚴家淦、經濟部長楊繼曾、主計長陳慶瑜。
（圖片來源：中央社）

長九・〇％，後三年（一九五五—一九五八）降至六・四％；同期間，每人GNP實質每年增加率，亦自五・三％降為三・〇％。該等數據呈現兩個問題，一是近三年來經濟成長已有顯著減緩現象，二是人口增加率仍居高不下。

（2）再以工業生產指數每年增加率比較，六年平均每年增加率高達一一・五％，可是前三年高達一四・七％，後三年降為八・三％，應是前述經濟成長率後三年下降的關鍵所在。

（3）國民消費占GDP的比例，一九五二年占九〇・七％，至一九五八年還高居九〇%，顯示國民消費水準，幾乎與經濟成長同比增長，看不出有節約消費的現象。

（4）因此，儲蓄毛額占GNP的比例，一九五二年為九·三%，一九五八年亦僅九·九%，而儲蓄淨額占國民所得的比例，更自一九五二年的四·六%，一九五八年降為四·三%，不論儲蓄毛額與儲蓄淨額占比，都是落後國家中最低之一。

（5）實質固定投資過去六年平均每年增加一四%，可是前三年每年增加一六·九%，後三年亦降為一一·一%，應是後三年整體經濟景氣趨緩的主因。

（6）雖然實質固定投資減緩，但投資財源依賴美援及僑外投資占投資需要總額的比例，卻自一九五二年的四〇%，一九五八年增加為四四·二%，不減反增。

王公看到我上述分析檢討的結果，大嘆我們經濟已面臨嚴重問題，需要做全面性的改革，才能轉危為安。

而郝樂遜給尹副主委的原函，特別強調台灣要加速經濟發展，建議我方政府應採取穩定經濟及鼓勵儲蓄，增加投資之政策，並積極實施，及應盡速放寬對企業之管制。此項特別措施，包括但不限於下列八點：

（1）自所有財源中，每年用於軍事方面款項之限額應有所規定，今後增加之生產，應改作投資之用。

（2）防止通貨膨脹之金融及放款政策，如物價不能穩定，徒言加速經濟之發展，將終成畫餅。

（3）稅制改革，目前稅制，其阻礙企業發展之規定，應即予以修正或廢止。

（4）單一及切合實際之匯率，否則資源之使用，將不合經濟原則。換言之，不現實之匯率，將鼓勵消費阻礙輸出，並不利於若干企業之經營。

（5）放寬外匯管制，各種物品之輸出與輸入，任其依照市場需求，多恃價格機能，少用政府管制，俾國家之資源得作最有效之使用。

（6）設立公用事業委員會，俾使公用事業獲有自由，以盡量發展其業務，同時可使民眾獲得充分之保障，不受公用事業壟斷之害。

（7）證券之登記與交易所之設立，必須在制度及立法方面加以改進，使投資手續單純，證券易於移轉，俾引起一般民眾之投資興趣。

（8）公營事業移轉民營，政府目前經營之工商事業範圍甚廣，大都可由民營，俾獲更高之經營效率。且政府如將現有若干公營企業出售民營，及投資環境改善，觀感一新，國內外私人資金，將加速流入台灣投資企業。

郝樂遜並指出，該等建議的目標，為盡量促進今後四到五年內健全經濟之發展，俾將來能夠「自力更生」。除重要之軍事裝備及若干剩餘農產品外，不再需要依賴美援，並能在國際金融市場上占據優越地位。

王公在閱讀郝樂遜來函，看到郝氏的八點建議，雖用意良好，方向正確，但誠如尹副主委所說，祇是局部性的改革，解決短期的問題，距要建設中華民國成為現代化國家，需要作更廣泛、全面性的財經改革。於是王公就他多日來的構思，從經濟發展、預算、金融與外匯貿易四方面提出改革建議。在經濟發展方面，從鼓勵儲蓄、節約消費、建立資本市場、改善投資環境著手，提出八點建議；在預算方面從支出、收入的改革到建立績效預算制度提出六點建議；在金融方面從建立中央銀行制度，以加強調節信用力量，提出三點建議；在外匯貿易方面，從建立單一匯率制度，放寬貿易管制，擴大鼓勵出口，以求新臺幣能自由兌換，提出兩點建議，合計十九點，故稱為「十九點財經改革措施方案」，其基本精神有三：

一、將以往為應付非常狀態時的措施，盡量予以解除，使一切經濟活動回歸正常化，恢復市場機能。在過去通貨膨脹與外匯短缺時期，政府採行許多管制，包括物價管制、進口管制、外匯管制及投資限制等；這些都是影響市場機制的運作，而且在積極管理下易造成貪汙腐敗的溫床，必須革除。

二、節約消費、鼓勵儲蓄，期以國民儲蓄作為經濟發展投資的主要資金來源，脫離對美援的依賴；獎勵投資、改善投資環境、扶植民營企業，並整頓租稅、控制預算，國防費用按固定幣值凍結，使增加的所得，能多用於投資，投資大幅增加，才能加速成長。

三、建立健全的金融體系，包括中央銀行復業，創立資本市場，並進一步放寬外匯貿易管制，期使新臺幣能自由兌換。

完成初稿後，併同前述「加速經濟發展計畫大綱」，於一九五九年十二月底呈李國鼎祕書長及尹仲容副主委。

尹副主委指示李祕書長邀請財經首長於新年假期中集會研商，王公及我均列席備詢。在十九點改革建議中，除預算方面六點，屬於財政部主管外，因當時中央銀行在台灣尚未復業，財政部下有金融司，金融方面三點也歸財政部主管，還有經濟方面的鼓勵儲蓄節約消費，鼓勵出口等的改革建議，也與財政部有關，在十九點改革中，超過一半為財政部主管，所以財政部長嚴家淦看完全案後發言，原則上他都同意，不過很多細節如何能有效執行，他需要將該案帶回研商後再來討論；經濟部楊繼曾部長則表示同意。

兩天後再集會，嚴部長完全接受該案，但指出第九點「將國防費用暫時維持於目前之數額」，如能做到他完全贊成，但陳副總統及老總統不可能接受。他建議在國防費用下加「按固定幣值計算」，雖僅七個字，但意義重大。因名目國民生產毛額的增加包括兩部分，一是物價的上漲，一是實質的生產增加，所謂「按固定幣值計算」，就是國防費用按物價上漲的比率，同比率增加，使其購買力維持不變；但實質生產增加的部分，不分配給國防用，而作為投資，以加速經濟成長，因而國防費用占名目國民生產毛額比例降低，也符合美方的要求。

果然，在陳副總統率領尹仲容、嚴家淦、李國鼎向老總統報告時，老總統對其他十八點都同意，唯獨對第九點國防費用按固定幣值計算暫時維持於目前之數額，提出質疑。經嚴部長說明，這點意思是國防費用按物價上漲的比率，等比例增加，金額並未凍結，維持原來的購買力，老總統才同意。於是美援會將該案呈報行政院，於一九六〇年一月十四日院會修正核定通過。

美援會副主委尹仲容於同日下午即正式致函美駐華安全分署郝樂遜署長。主要內容為：陳副總統兼行政院長，曾於一九五九年十月及十二月間，先後與來台訪問之貴國副國務卿狄倫及國際合作總署代總署長薩西奧晤談，二人均向陳副總統表示，中華民國具有加速發展之潛力，且具有解決經濟發展決心之民族，將來勢必成為亞洲其他國家之楷模。薩西奧代總署長並特別告知陳副總統，如中華民國能盡最大努力運用其國內所有之一切資源，加速其經濟發展，則國際合作總署將考慮予以有效之援助。

依據上述建議，本會經與我國有關部會會同擬定並經行政院院會通過，如本函所附之文件，以供閣下轉送國際合作總署慎重考慮。此項文件係簡述第三期四年經濟建設計畫（一九六一—六四）之目標與估計所需投資之數額。此項文件並列舉中華民國政府為加速經濟發展所採取之「十九點財經改革措施方案」與其可能實現之時間，此十九點措施業經本國總統原則核可。足以顯示我國政府之決心建立一健全之環境，以利經濟發展，並將繼續加速予以改進。

茲特函達閣下轉告貴總署，說明我國政府在任何困難之下，決定將盡其最大之努力實現此等措施。

美駐華安全分署郝樂遜署長於一九六〇年一月二十七日函覆美援會尹仲容副主委，其主要內容為：

「一月十四日大函及所附『中華民國加速經濟發展計畫大綱（包括十九點財經改革措施方案）』敬悉，已轉送華盛頓總署。

本人收到此項文件甚感欣愉，對貴政府行政效率之高，尤感敬佩（筆者註：自郝氏於一九五九年十二月二十日致函尹副主委建議八點，至一九六〇年一月十四日行政院院會核定該案，同日下午尹副主委致函郝樂遜署長，前後僅三週即完成此重要議案），此一文件表明貴我兩國政府目標之共同性。此計畫之目標，著重早日發展一個有力、自由的和獨立的經濟之需要，並表示貴國人民及政府有達成此一計畫目標能力之信心，使本人尤感興奮。

本人相信閣下及閣下之同僚，均甚了解上次薩西奧代總署長等一行訪台所獲得之深刻印象，渠等對貴國人民不顧種種障礙，在此歷史性階段中，所表現之促使經濟進步的自發熱誠及成就，至表敬佩。

本人與貴方之看法相同，即台灣在過去數年中經濟上已有真實的進步，並已奠定更進一步發展經濟之基礎，今後更進一步之邁進，不但將使台灣成為遠東各國且將成為全世界之楷模。來函及附件已充分證明貴方之領導階層，對此一事實已有甚高之警覺，且準備動員所掌握之一切資源，為貴國人民發揮其最大之努力。

本人願重複表明，安全分署願盡所能協助貴國政府，特別在研擬加速經濟發展計畫之細節上。本人深信，當經援方案正在本國政府編擬準備送往國會之時，一個為今後數年促進經濟發展之完備具體計畫，將迅速得到本國行政部門尊重之考慮。」

郝氏此函很誠懇的充分表現美援當局對我國人民與政府過去數年的團結合作共同努力，予以肯定與敬佩，這也是「自助才能得到人助」的現實案例。

美援會於行政院核定「加速經濟發展計畫大綱」（包括十九點財經改革措施方案）後，除於當天致函美駐華安全分署郝樂遜署長外，也致函外交部透過駐美大使館，正式向美國國際合作總署提出申請，同時致電駐美大使館提早準備。

至於該案如何落實執行，美援會將「十九點財經改革措施方案」，分兩方面來推動，一是凡是行政命令可執行的，即函請各主管及協辦部會研擬執行計畫，報請行政院核定實施；二是凡是需要修法，或另訂新法的，則由美援會會同有關部會研辦。而且行政院設置執行追蹤列管小組，請副院長王雲五為主持人，美援會負責幕僚作業，每月召開會議列管進度。實際上，美援會在一九五九年十二月成立投資小組，一九六〇年中將資料室改組擴大為經濟研究中心，此兩單位合作研究有關法律的修訂與新訂事宜，發現必須修改的法律，牽涉的法律範圍甚廣，如一一個別修訂，不僅需要大量的人力，而且非短時間所能完成。遂參考波多黎各作法，訂定一特別條例，可以排除原有法律的規定，於是美援會聯繫各有關中央和地方機關，及專家、學者、企業界人士，研訂「獎勵投資條例」。

不久後，美駐華安全分署傳來，美國總統已於一九六〇年二月十六日向美國國會提出之援外咨文中，已對中華民國實施加速經濟發展計畫一事表示：「寄予密切和慎重的注意」，並認為「中華民國人民之勤勉工作與優異能力，已提供一項事實證明，在自由制度之下，終能達到一個超過極權主義所能達到的成就」，為此一目的，美國擬充分利用贈與及貸款兩種協助，以加速其最大發展，俾自給自足的日子迅速來臨。中美雙方政府都希望美國國會能順利通過。

一九六〇年八月美援會祕書長李國鼎在一次會議中報告「加速經濟發展計畫大綱」要義，囑我準備有關資料，我將「十九點財經改革措施方案」重新組合，編成下表，更能表達十九點改革措施，對「穩定經濟」和「加速經濟成長」的功能。

3、實施「獎勵投資條例」

當年訂定「獎勵投資條例」之目的，誠如前文所述，是利用特別法優於普通法之原則，排除過去在特殊環境下，所訂定不利於經濟發展之規定，而將有關鼓勵儲蓄、投資、出口及工業用地的取得，以及出售公營事業所得之價款要繳國庫，改為所得價款設置開發基金，彙集於一個法案之內，該特殊條例即「獎勵投資條例」通過後，即可實

加速經濟發展之目的

- 穩定經濟（減少國際收支差額；平衡財政收支）
  - 平衡預算
    - ⑧對於公用事業費率之決定，謀求合理之長期解決辦法
    - ⑨國防費用按固定幣值計算，暫時維持於目前之數額
    - ⑩改進租稅制度及稅務行政
    - ⑪改進預算制度，並逐步推行績效制度
    - ⑫對於軍政費用及公用事業產品價格取消變相津貼
    - ⑬調整公教人員薪給，取消各種隱藏之津貼，並實行強迫退休制度
    - ⑭對軍費支出加強稽核
  - 控制消費增加投資
    - ①節約消費
    - ④政府對於商業性生產事業不再投資
    - ⑧對於公用事業費率之決定，謀求合理之長期解決辦法
    - ⑩改進租稅制度
    - ⑫對於軍政費用及公用事業產品價格，取消變相津貼
  - 調節金融
    - ⑮建立中央銀行制度，以加強調節銀行信用之力量
    - ⑯所有辦理存放款之機構，一律納入銀行系統
    - ⑰現在各銀行之業務將依其性質嚴格劃分，並由政府依照銀行法嚴格監督
  - 平衡國際收支
    - ⑱建立單一匯率制度，並視國際收支情況之許可，盡量放寬貿易管制，以求新臺幣能自由兌換。
    - ⑲促進出口貿易，應從擴大鼓勵措施，簡化出口結匯手續，謀求出口之進一步擴張
- 加速經濟發展（增加就業；提高國民所得）
  - 獎勵投資提高生產力
    - ①鼓勵儲蓄，加強宣導與教育灌輸儲蓄知識，建立深入民間之儲蓄網
    - ②建立資本市場
    - ③改善民間投資環境，解除各種管制措施
    - ④扶植民營工業，可由民間經營之公營事業予以移轉
    - ⑤在稅收、外匯貿易管理、資金融通方面，予民間投資者便利及優待
    - ⑥檢討改進投資設廠、工業用地、出入境等手續及經營企業有關法令
    - ⑦充分利用公營事業現有設備
    - ⑩改進租稅制度

十九點財經改革措施

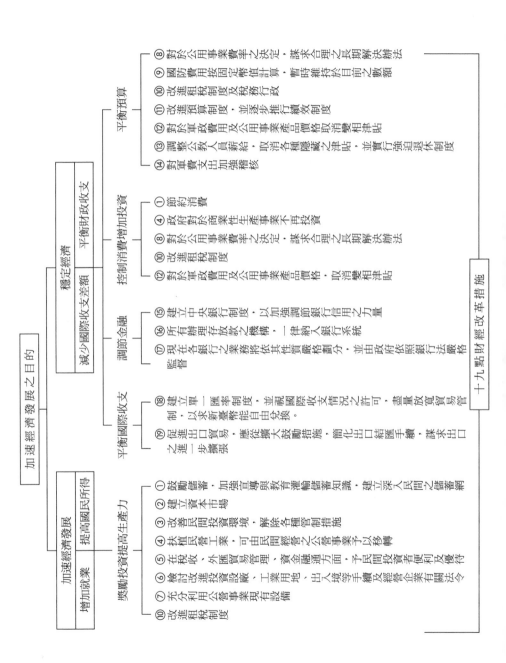

施。至於原法律規定，可以按原有程序辦理，因該條例實施期間定為十年，希望在此十年內，有關法律都可修訂或新訂。

當時訂定「獎勵投資條例」之立法原則有二：

（1）為適應國家需要，減輕人口增加壓力，進而提高人民生活水準，必須擴大經濟建設規模，加速經濟發展。

（2）經濟建設規模既必須擴大，經濟發展亦須加速，故須立即籌謀投資財源，解除不必要之手續與限制，減輕稅負，提供優良的投資環境，使投資者能在合理的經營下，獲得與其努力相稱之報酬。

該條例之主要內容：①制定之目的，在加速經濟發展，改善投資環境，獎勵生產事業必要之途徑；②與獎勵投資有關之法令甚多，除得以行政命令處理者外，其餘稅捐減免、土地取得使用及公民營事業之配合發展有關者，原應將原法逐一修正，為爭取時間，先制定本條例，作為特別法；③本條例規定之生產事業，指生產物品或提供勞務之事業，採列舉方式，俾資明確，並以依公司法股份有限公司組織為限，俾能接受大眾投資；④為鼓勵儲蓄、投資、出口，酌予減免有關稅捐，並停徵證券交易稅，以利股票流通，生產事業輸入機器設備，其進口稅捐，准予記帳分期繳納等等；⑤本條例實施期間定為十年㉘。

「獎勵投資條例」能在各有關機關間迅速達成協議，立法院能快速通過，值得在此一提的有兩點：

一是，在研訂「十九點財經改革措施方案」時，多係原則性規定，各有關機關都同意；但在草擬「獎勵投資條例」時，真要將減稅、免稅、退稅，訂入條例中，財政部主辦官員都提出不同意見，稱當前國家財政仍有鉅額赤字，怎能再減免稅，今後預算如何能編成，而表示不同意。

因而在財經首長集會時，美援會祕書長李國鼎在會中報告，「獎勵投資條例」的訂定遭遇了困難。財政部長嚴家淦立即說明，國家財政鉅額赤字確是事實，主辦同仁的不同意，在他們的立場，也並非不當。「獎勵投資條例」的減免稅，短期而言，對財政確實不利；但投資增加後，經濟快速成長，就業增加、所得提高，減免稅期滿後，稅收會大幅增加。從整體及長期看，他同意獎投條例草案所擬定的條文，並說他回去會向主辦同仁解釋，又說獎投條例草案三十五條中，近半數條文與財政部有關，送立法院審議時，他會親自列席說明。會後，李祕書長與有關同仁聚會時，說明該一過程，大家喜出望外，對嚴部長「犧牲小我，成全大我」的精神，至為敬佩。

另一是尹副主委了解，要立法院審議通過特別法，其困難可想而知，要想迅速通過非要動用高層力量不可，於是他向主任委員陳誠報告，可否敦請老總統出面關照。很快老總統邀請國民黨籍立法委員舉行談話會，親自說明，大意是：「獎勵投資條例」是我國經濟能否快速發展，壯大國力，反攻復國的關鍵所在，務必請各位鼎力相助，早日通過。

雖然老總統已親自交代，立法委員們仍然盡責認真審查質詢，在炎熱夏天沒有冷氣，只有電風扇的情況下，挑燈夜戰，加速步伐審議。獎投條例雖是美援會負責研擬，但主管機關是經濟部，而條例多有關減免稅，所以三方首長及李祕書長均親自列席備詢。其中因減免稅條文較多，嚴部長都親自答詢，解釋清楚，讓立委們口服心服，終於在一九六〇年八月底修正通過，送請總統於九月十日公布實施。

就立法院而言，在不到兩個月之內，審查修正通過整條法律，是過去所少有。後來由於該條例實施績效卓著，十年滿期後，連續兩個十年一再隨情況變化不斷修正，繼續實施；甚至到一九九〇年實施三十年後，兩度改名實施到今天。

4、改善投資環境[29]

「十九點財經改革措施方案」中，第三點即是改善投資環境，可見其重要性。副總統兼行政院長及美援會主任委員陳誠，在一九五九年十月間討論如何加速經濟發展及財經改革措施時，即在行政院院會中指示：「僑外人來台投資，接洽手續仍嫌太繁，已囑美援會特加注意，今後如能有一靈活組織處理，效率當可增加。……今後美援將逐漸減少，如何補救，不外二途：一為爭取美國開發貸款基金，另一為吸引僑外人來華投資。……尤其後者，應即一面從速修改有關法令，一面建立一統一聯繫制度，已交美援會研辦。」

美援會尹副主委旋即遵照院長指示，於一九五九年十二月一日設置「工業發展投資研究小組（簡稱投資小組）」，指派李國鼎祕書長為召集人，陶聲洋為執行祕書，邀請中央有關部會副首長及台灣省有關廳、局長為委員。

陳院長指示改善投資環境專責機構於美援會之下，而不將其隸屬於其他某一部會，應係鑒於投資環境所涉及範圍，至為廣泛，諸如工業用地、租稅減免、勞工問題、公用事業、外匯貿易及人員出入境等各種行政手續等幾無不直接或間接與投資有關，其涉及主管機構甚多，為避免各機關本位主義的影響，及便於協調各有關機構的意見，故將其隸屬於地位較超然的美援會，俾能保持純客觀的立場，對投資環境作徹底檢討，研提改進意見，經美援會委員會議通過後，責成各有關機構負責執行，極為重要。

美援會投資小組設置後，首先與工商各界、有意投資人士及各有關主管機關展開廣泛接觸，以發掘足以妨礙投資的各種因素，加以研析，提出改善建議，並負責推動改善工作。所發掘妨礙投資因素，如屬於行政手續者，則洽由主管單位即行改善；如屬於修改法律制度者，即行修改；倘屬於傳統觀念者，則進行廣泛的教育與宣導，以增進社會大眾之了解，並改變其觀念；其須加以獎勵者，則建議並推動由有關機關予以獎勵。總之，投資小組是竭盡一切可能，為投資人解除困難並提供服務，積極推動投資環境的改善工作。

當時投資人最感困擾者，是在搜集所有資料、洽詢各種疑問、辦理申請投資手續，及出入境手續等方面。所遭遇之困難，如不予解決，不但不足以鼓勵投資意願，且將使投資人感到沮喪。投資小組針對此一需求，迅即提供廣泛的投資服務；對凡有意在國內投資的中外人士，自其一有投資動機開始，不論遭遇何種問題，皆竭誠免費協助其及時解決。此種提供免費服務，不僅在我國係一創舉，當時在全球亦屬少見[30]。惟投資服務之提供，實際是一種應急治標措施，真正投資環境之改善，則為下列各項：

（1）、解決工業用地問題

讓我印象最深刻的是，投資者要取得土地建廠，其困難情形遠超乎人們想像，尤其

1962年美國援華公署新任署長白慎士（Howard L. Parsons）抵台，美援會副主委尹仲容、祕書長李國鼎親赴機場歡迎。
（圖片來源：聯合報）

要將耕地改成工業用地，因受過去實施「三七五減租」、「公地放領」及「耕者有其田」等土地改革政策影響，為防止土地再度集中及其他流弊，訂有許多對耕地移轉限制之法規。因此，調查後發現投資者要購耕地建廠，要跑的機構及經辦人之多出乎意料的要經過十八個階段，牽涉四十六種法令，要跑七十七個單位，還要透過許多經辦人處理，竟然高達一百三十多個關卡。即使每道關卡主辦人都蓋章同意，所花費的時間、人力，已難以忍受；只要其中一道關卡不同意，後續進度不知要拖到什麼時候了。

因此，投資小組成立後，即調用有關這方面專家來處理，首先排除法令上對農地移轉與改作工業用地所加的限制，除去取得工業用地之最大困難；同時進行統籌開發「工業區」，不僅為投資人排除購地之困擾，也減輕建廠成本，還可取得各種公共設施的便利，因而嗣後才有「加工出口區」與「科學園區」的建設。

（2）、解決勞工問題

當年勞工在不許罷工的禁令下，居於劣勢地位，勞工主管當局為保障勞工權益，曾先後頒訂若干行政規定，限制雇主不得任意解雇勞工或削減勞工之權益，致有部分損及雇主應有權益。投資人特別是外國投資人對此，頗有疑懼。經加以修訂後，勞資雙方權益始得以兼顧。政府同時訂定公平合理的勞資糾紛處理辦法，倡導勞工福利及輔導就業，故以後就很少有重大勞工問題產生。

（3）、修編財經法令

為了修訂有關財經法令，以促進投資繁榮經濟，美援會尹副主任委員，特報准行政院，於一九六一年三月在美援會設置「法律修編小組」，聘請蔡中曾法學博士主持，其首要工作為英譯《中華民國財經法律彙編》，包括有關投資的法律八十五種，以供僑外投資人參考。凡投資小組建議需要改善投資環境的各項法律，均送請「法律修編小組」，研擬提案，送請各主管機關辦理。

（4）、關於以減免稅鼓勵儲蓄與投資者，均由投資小組、法律修編小組會同主管機關修訂獎勵投資條例或施行細則，共同研擬提案報請行政院核定或送請立法院審議。

由於經濟發展和投資環境變動不居，故如何改善投資環境，以配合各階段經濟發展之需要，為永無止境的經常工作，且涉及的範圍甚為廣泛。因此，設置超然地位的專責機構，從事協調、推動工作，可爭取時效，發揮較大的功能。

三、積極推動八七水災復建工作

一九五九年八月七日下午熱帶性低氣壓通過台灣南部，在中部及南部地區發生狂風暴雨，引起山洪暴發，造成六十二年以來最嚴重的水災。新竹以南的十三縣市，連續三天籠罩在熱帶性低氣壓所造成的暴雨之中，三天合計降雨量，在中南部多數縣市，已超過其年平均降雨量的三分之一，可見降雨量之大，問題之嚴重。

尹仲容復職後，任美援會副主任委員期間，於1959年遭遇「八七水災」，要求美援協助。與國際合作分署代署長詹姆士（Roy James）簽訂援救「八七水災」協訂。
（圖片來源：中央社）

因此，造成大安、大甲、濁水、八掌、急水、北港、曾文等大溪流之洪水位、洪水量，均超過歷年來最高紀錄。而台中、南投、彰化、雲林、嘉義等縣境內堤防多處遭沖擊潰決，水深達兩公尺以上。

根據事後災情報導，八七水災使房屋全倒兩萬多棟，損壞者一萬多棟，共造成六百六十七人死亡、兩百九十五人受傷，四十八人失蹤，災民高達三十萬人；另交通、水利、農漁牧等方面損失均很慘重。

行政院經過調查後，認為事態嚴重，報請總統依據「動員戡亂時期臨時條款」，於八月三十一日頒布緊急處分令，授權行政機關以變更稅法、預算及有關審計法令，節約消費，集中力量，致力災區重建的工作[31]。

美援會副主任委員尹仲容鑒於災情嚴重，救災、復建所需費用鉅大，而政府財力有限，乃於八月十一日邀集中美雙方有關機關，成立「八七水災中美聯合善後小組」，即時開會商討有關各項救災、復建及申請美國特別援助等事宜。八月十三日美援會召開委員會議，祕書長李國鼎首先就「中美聯合善後小組」第一次會議商討結果提出報告，重點如下：

（1）水災中傷亡、失蹤等應發放救濟金，按台灣省政府核定標準，中美相對基金輔助半數。

（2）房屋、鐵公路交通、自來水、電力及農林漁牧、防洪水利等搶修及復舊，需款暫估九．五億多元，將申請美援支應部分所需。

（3）發放救濟糧食，先以美援麵粉及小麥移用，事後再申請美援四八〇公法贈與物資歸墊。

（4）美駐華安全分署指派專人常駐台中，與省府聯絡有關水災搶修復舊事宜。

行政院長兼主任委員陳誠隨即指示要點如下：

（1）美援會致函台灣省政府

①尚可使用之水漬米，應盡先搭配撥出救濟，以免久貯霉壞；

②房屋可修者盡先修復，重建者除確屬貧寒無力自建，可由政府全部救助外，一般復建以貸給長期低利率貸款五成為原則，市區建設應作有計畫的設計，違章建築不許恢復，應另指定地區建屋；

③大肚溪水流改道應否堵截，恢復原流域，應先由農林水利專家研議其得失，再作適切之決定。

（2）應詳細計算此次水災損害，提出具體計畫，交美援會、經濟部、財政部、外交部及台灣省政府組織五人小組，詳予審定，徵得駐華安全分署同意後，向美方提出增加特別援款及四八〇公法第二章物資之要求。

（3）致函國防部

①加派車輛協助建築材料及救濟物資之運送；

②國防部應派員參加美援會組織之中美聯合善後小組；

③國防部應將有關設施之水災損失估計，通知上述之五人小組。

委員會議後，尹副主委親率美我雙方工作小組人員數度前往中南部視察，遍歷災區實地調查災情後，隨即採取行動：

（1）供應美援物資，在省府決定救濟糧食，以米及麵粉各半發放，需麵粉五百六十九萬公斤，美援會將各麵粉廠所存小麥，先製成四百三十七萬公斤麵粉交由省社會處分送外，其餘一百三十二萬公斤麵粉，將陸續加工撥交省府。

（2）為求迅速重建災區，恢復人民正當生活及生產，以及彌補因出口減少而發生之外匯損失，擬向美方提出增撥二至三千萬美元特別援助。

（3）美援會洽准安全分署同意，先將一九六〇年度原有計畫中，在一個月內先移用一．一億元，撥給救災之用。

到搶修復舊工作告一段落後，陳副總統兼院長於一九六〇年四月初，到中南部視察災區重建工作，發現進度頗令人滿意，由於全國上下共同努力，尤其三軍及美方的配合，使重建如期成功，這不但增加我們對經濟建設的信心，也更使我們認識對經濟發展的需要[32]。

八七水災原與美援會毫無關係，但美援會尹副主委鑒於災情嚴重，搶修復舊工作牽涉極廣，加以政府財力不足，他主動一肩扛起責任，召集中美雙方有關機關成立「八七水災中美聯合善後小組」，美援會幾乎全員出動，劍及履及的採取救援的行動，獲得行政院長兼美援會主任委員陳誠的全力支持，美援會成為救災的主角。在八個月內完成搶修復建工作，這在歷史上應屬少見，也顯示尹仲容先生勇於承擔的精神。

最後八七水災搶修與復建，總共花了多少錢未見公布，只知當時房屋、鐵公路、農田水利等等搶修及復舊需要新臺幣九．五億元，尚有受災者的救濟及中小企業遭受的損失，均未計算在內。當年我曾估計整個費用可能超過新臺幣十五億元，約為一九五九年GDP五百一十七億元的二．九%，可見損失之大，而美援最後共支援了五．八億元，約占整個費用的三分之一。顯見要不是尹仲容有先見之明，即時邀請美方支援，復建工作不可能在八個月內完成。

四、繼續宣導政府經濟政策及灌輸新知識、新觀念

尹仲容先生於一九五七年八月復職就任經安會祕書長後，繼續他的一貫作風，經常寫文章及演講，闡述政府經濟政策，介紹經濟新知與新觀念。茲舉重要者數項如下：

1、出版《國際經濟資料月刊》

尹先生於一九五七年八月就任經安會祕書長後，有鑒於政府在推動經濟發展之際，必須了解國際經濟變動情況，經濟新知識、新觀念。遂指示該會祕書處專門委員萬賡年，籌編《國際經濟資料月刊》。據萬賡年自稱，他既非研習新聞，又乏編輯經驗，不過在尹祕書長大力的鼓勵與指導之下，全力以赴，終於在一九五八年五月出版第一期。

尹祕書長看後，對該刊內容及編排等方面，雖未盡滿意，但卻以慰勉代替指責，並詳示改進方向。此後凡所見足為台灣經濟發展借鏡的文章，莫不隨時交譯刊登。由於該刊的內容充實，多是當前國際間大家所關注的經濟議題，因此銷路大增。甚至尹先生赴榮民總醫院就醫前，猶不忘將美國政治季刊中，所刊載的〈援外的政治論據〉一文，交譯刊登該刊第五十七期，以及該刊第五十八期（係尹先生逝世後出版的）刊載的〈下一個經濟奇蹟將發生於西班牙〉，也是尹先生交譯的，可見尹先生關心台灣經濟發展及灌輸經濟知識用心之深[33]。

2、美援運用之檢討

一九五八年九月美援會改組後，尹先生接任副主任委員，主任委員係行政院長陳誠兼任，他實際負責美援會之任務。改組後的美援會除運用美援外，更重要的是增加了整體經濟政策之規劃及經濟建設之推動。尹先生於一九五九年二月二十七日在行政院新聞局記者座談會上，報告「美援運用之檢討」，他指出美援在我國經濟穩定及發展過程中，所占地位至為重要，貢獻亦大。因此，美援運用之得失，關係我國經濟前途至鉅。至於美援運用是否能與我國經濟發展目標與政策相互配合，應為運用美援能否成功之關鍵所在。

他說美國經援之目的，在協助受援國開發資源，穩定其經濟，俾人民生活水準得以提高，因而加強受援國之力量，故美援僅為達到前項目的之工具之一。至於受援國家應如何穩定其經濟，開發其資源，則當由其財政經濟政策決定之。在作此項決策時，如何使美援與國內政策相配合，自為考慮因素之一，但絕不能將美援運用與財經政策混為一談，而苛責美援運用之當與不當。美援運用果有不當，應從財經政策之當否研討之，至於某一項美援運用有不當情事，則屬於技術問題與政策無關。嚴格言之，美援運用本身並無獨立政策之可言，如有政策，則當在如何使美援密切配合國內需要一點上。

就過去美援運用實際情形分析，美援運用本身既如上述，並無獨立之政策，僅是配合國內財經政策，適應當時經濟需要。但美援運用之款項得經美方同意乃條件上之規定，我方祇能盡量使美方了解我方之政策，而不能強使其同意我方之辦法。但就事論事，過去美援之運用，確實頗能切合我方實際需要。

至於今後美援運用之途徑，過去因要穩定物價，美援以進口物資為主；現在物價已趨穩定，今後將以申請計畫型美援，以加強經濟開發為重，尤以推動大規模民營企業為主，且宜具彈性，以適應美援增減後之情勢。至於中小型企業可申請一整筆美援，交由開發公司或交通銀行運用，但我政府每年仍應撥出部分外匯供工業之用。而美援會工作，過去逐案審查、考核、討債的工作當可減少，將逐漸轉向以美援運用之設計與配合我國經濟開發為重。

尹副主任委員對過去美援運用，作了坦誠檢討，由於我政府都能推出正確的財經政策，才使美援運用產生顯著的效果。至於未來美援運用，將配合我政策推動大規模企業發展，希望未來在國際市場上占有一席之地。對於中小企業並未忽視，將成立中華開發信託公司及交通銀行為輔導中小企業為主。

3、兩年來的外匯貿易改革

一九六〇年七月《國際經濟資料月刊》刊載了以外貿會尹仲容主任委員署名的〈兩

年來的外匯貿易改革〉一文。他首先指出，外貿會在這兩年中，將一百一十二項管制出口物資改列為准許出口物質，將兩百三十一項禁止或管制進口物資，改列為准許進口物資，廢止了六十六種法令，修訂的也有五十七種。在這些廢止與修訂的法令中，有許多是對貿易有束縛性而加以刪除或放寬的。到今天（一九六〇年六月底）為止，在出口方面除了極少數有戰略價值或省內不足的物資以外，其餘的都可直接向臺灣銀行辦理結匯輸出手續，不加任何限制；進口方面除了准許進口範圍放寬之外，貿易商可自由申請，祇要是屬於准許進口類的物資，不限金額，不限貨品種類，都可接受申請。對進口也可以說享受了近十年來從未有過的自由。

其次，在簡化匯率方面，在過去兩年中，外貿會為逐步走向單一匯率，將過去多元匯率改為雙元匯率，直到今年（一九六〇）七月一日，因逐漸推行單元匯率的各項準備工作進行相當順利，沒有發生什麼特殊困難，所以才正式規定所有進出口及匯出入款，不論政府機關或公民營事業，一概用結匯證結匯，結匯證市價就代表目前的單一匯率。經過兩年多的奮鬥及多次的調整和改革，才能從今年七月一日起，真正的達成單一匯率的目標，即新臺幣四十元兌一美元。

最後談到未來，尹主任委員很有信心的表示，外匯管理的最後目標就是取消管理，實行自由兌換，現在離這個目標當然還有相當路程，但走向這個目標的道路已鋪設得比較平坦，絆腳石大部分都已清除。今後的決定因素還在一般經濟情況，如果一般經濟環境繼續改善，則自由兌換的目標，將可比較容易達到。鑒於過去一般經濟情況的不斷改進和外匯改革的成就，他對於兩者都抱著十分樂觀的態度。

尹主任委員在外貿改革兩年中，除達成單一匯率目標及解除管制外，還廢除了六十六種法令，修訂了五十七種，可見其對「法制」之重視，處事之決心與魄力，如這些法令不廢不改，要達到貿易自由化是不可能的。這次外貿改革與過去漸進式的改革不同，可說是翻天覆地的改革，過程中遭遇的阻力不少，尹先生以其堅強的意志，努力向前，終於在兩年內完成，為未來經濟自由化奠定了堅實基礎。

4、通貨不膨脹能配合加速經濟發展嗎？

一九六〇年九月三十日尹先生應台灣雜誌事業協會之邀，在該會演講指出，立法院八月底通過「獎勵投資條例」（一九六〇年九月十日公布實施）以後，政府當局的負責首長也曾一再向社會宣示，要推行十九點財經改革措施，以達到加速經濟發展的目的，並希望在第三期四年（一九六一－六四）計畫期間，能收到加速發展的成果。既然當前的政策是要加速經濟發展，自不免需要更多資金，而同時政府在金融方面卻採取了反通貨膨脹的政策，也就是緊縮政策，使市面上流通的貨幣量未能增加。在這種情況下，一方面經濟發展需要更多的資金，一方面信用緊縮，又使市場感覺銀根很緊，遂有一些人認為這是一種矛盾的現象，將阻礙經濟的發展，並認為政府在施政政策上未能相互配合。

他在演講中指出：「究竟經濟發展和反通貨膨脹是不是相互排斥？是否要經濟發展就必須通貨膨脹，或反通貨膨脹就不能適應經濟發展的需求？這個混淆的觀念，實有加以澄清的必要。我們身受通貨膨脹之害已有二十三年之久，我們憑這個經驗能尋求一個正確的答案」。

他講述觀點之前，先將他的結論提出：「經濟發展和反通貨膨脹是互為配合的，反通貨膨脹不但不會阻礙經濟的發展，且為經濟發展所必需。」

他這一看法並不是兩個月前擔任臺灣銀行董事長以後的看法，而是三年來便一向持這一觀點。他說許多朋友對他這一反通貨膨脹的主張，最初頗為懷疑，但三年以來許多人的態度已經逐漸改變了。利用貨幣的發行來決定一時的需要，本是最為簡易的辦法。他身為臺灣銀行和外貿會負責人，為了博取社會一時之譽，為了本身一時的方便，何以捨易取難，不走通貨膨脹的路，反要主張反通貨膨脹？他認為通貨膨脹等於是一針興奮劑，在短暫的興奮過後，便要招來長期的痛苦。

尹先生在演講中，舉了好幾個國家的實例，先以增加貨幣數量來促進經濟的復甦，結果引發通貨膨脹，物價大漲，人民遭受通膨之苦，不得不改弦易轍，採取反通貨膨脹措施，經濟才恢復穩定，人民也享受了正常生活。他繼續說，人們通常是依循著一種希望和期待向前努力的，但在通貨膨脹、幣值波動之下，今日的一切努力可能為明天不可知的變動因素而全部抵銷，則在這樣的環境下，希望又如何能維持？期待又如何能實踐？所有的計畫也就不免落空了。

他說，政府一年來在反通貨膨脹方面曾採取了若干措施，例如實施「十九點財經改革措施方案」，制定「獎勵投資條例」等。此外，政府在採取反通貨膨脹方法中，控制銀行信用的過度擴張與改革稅制，無疑的要占重要地位，但這祇是治標的辦法。治本的辦法還是應對公、私支出加以控制。量入為出應該是政府理財的基本原則；至於民間的消費是不能以強制的辦法來收到節約效果的，必須先求幣值穩定，恢復人民的儲蓄信心，然後才能達到節約消費和增加投資的目的。

最後他以為祇有在通貨不膨脹情形之下，才能顯示經濟的真實情況，他繼續說，反通貨膨脹是一種艱難的工作，要達成不使通貨膨脹的目的，尚須付出相當代價。我在一開始便已說過，我們不採用通貨膨脹是捨易取難，前途尚有許多困難有待我們努力克服。

尹先生就任臺灣銀行董事長後，就控制了銀行信用的過度擴張，他遭到社會上的許多批評，其實十九點財經改革措施方案中的「平衡財政收支」、「節約消費」、「鼓勵儲蓄」都有收縮通貨穩定物價的功能。尹先生不厭其煩，苦口婆心的解釋清楚，糾正社會上的錯誤觀念，以利政策的有效執行。尤其近十多年來，美國等主要國家採取寬鬆貨幣政策，引發的通貨膨脹，對各國甚至全球造成的嚴重傷害，沒完沒了。而尹先生早在六十多年前，即主張反通貨膨脹政策，可見其遠見，不是那些所謂的貨幣專家所能及。

5、論經濟發展

一九六〇年三月《自由中國之工業》月刊第十三卷第三期，刊載了尹先生署名的〈論經濟發展〉一文，一開始他就指出，約在四、五年前，常有人以西德及日本經濟復興的快速，歸因於自由經濟制度，或其他單純的因素，如貨幣改革、道奇計畫等等。最近一、兩年，又有人以香港及波多黎各經濟發展的快速，歸因於自由經濟制度，或改善投資環境的措施。他並不否認或低估這些因素，對它們的經濟復興或經濟發展的貢獻，但可以肯定說一句，這些不是僅有的因素，僅以這些因素來解釋這些國家和地區的經濟現象，均將失之於表面。一個經濟的復興與發展，牽涉的因素是多方面的，有些因素可能比以上所說的因素更有決定性。

他舉了印度、香港、德國、日本、波多黎各經濟長期發展的過程，可以充分支持他的觀點。他認為經濟發展是一個複雜的問題，不能用過去簡單的方式來解釋，以致造成許多有害的錯覺。同時各國的環境不同，促進經濟發展的方式也應有所不同，適用於甲國的方式，未必適用乙國。一個正確的促進經濟發展的政策，要能針對本國的環境，提出有效的措施。

他指出，假如經濟發展可以分類的話，可以將其分成兩大類，一類是進化式，另一則是改革式。前者與經濟發展有關的因素與制度——文化的、社會的、政治的、經濟的，逐漸向促進經濟發展的方向演變，主要是從經濟社會的內部產生各種力量，引起經濟的變動與成長，雖然也許有外來力量的刺激，但那不是主要的。

後者改革式，是用外來的力量促成其加速。所謂外來的力量，即是政府或人民採取劇烈的措施，將與經濟發展有關的因素與制度，加以改造，使其適合經濟發展的需要。這時政府與人民要做的，便不僅是安排一個有利的環境，讓內部的成長力量充分發揮作用，或者消極的避免妨礙這種力量的運行；而是從事與經濟發展因素與制度的改造，來製造與培養這種力量。這種改造措施的發動與執行，很顯然的必是由政府和少數具有先見的人士或組織來負責。

在後一種的經濟發展型態之下，一個自由經濟制度或單純的財經改革措施，決不足以達成一個比較合理的經濟發展，而必須針對各國經濟社會的情形，作整套的改造。所謂的整套的改造，並不僅以經濟為限，而是包括文化、社會、政治各方面的。他詳細分析日本自一八六八年開始推動「明治維新」，所推出的一整套改革，使日本脫胎換骨，成功的案例來證明他的看法。他繼續指出，過去十年多，台灣經濟不能否認有很大的進步，但經深入的觀察和分析，我發覺這種進步大部分祇是在一種特殊的環境下所產生的結果。所謂的特殊環境，包括美援、通貨膨脹、獨占或藉外匯管制所達成的高度保護，以及政府所給予的其他種種優待。這種進步並沒有為台灣經濟帶來自動自發的精神，能夠從經濟內部產生一種強烈的力量，來推動經濟發展，而這種力量卻是一個自由經濟社會長期發展所必需的。因此，假如這些特殊的環境一旦消失，台灣的經濟發展是否能夠維持像過去十年多那樣的進步，便很成問題了。

他檢討分析造成這種現象的原因很多，主要有下列四點：

（1）現在台灣社會經濟制度與經濟政策，始終缺乏清楚的觀念。因而沒有一種中心的指導力量，去決定經濟發展在政府全盤活動中所占的地位，政府在經濟發展過程中，究竟扮演什麼樣的角色，究竟應該做些什麼，不明確，……因而不能對經濟發展工作長期堅定的努力。

（2）我們始終沒有能建立起一套完善的經濟制度與組織，在這個制度與組織內，一方面將妨害經濟發展的力量減少至最低限度，另一方面則清楚消除過分不必要的優待鼓勵方法，以免造成經濟上的特權階級。

（3）經濟活動是人類活動的一種，與文化的、社會的、政治的等等活動有不可分離的關係。這些活動是一套，從經濟發展的觀點看，要落後全部都落後，要改革全部都需要改革，決不能其他活動都落後，而經濟活動卻特別的進步，也絕不可能其他方面都不改革，而經濟方面的改革，可以單獨成功的。

（4）一個國家政治上的穩定、經濟上的繁榮，以及社會國家的移轉，都需要領導人才，而一個國家要將落後經濟移轉為現代經濟，尤其需要一群具有新的觀念、新的作風和新的技巧個人與組織出來領導，率先冒險犯難，開闢新的活動領域，創辦新的事業，採用新的方式，這就是所謂的企業精神。縱然一個經濟社會，有資本、有自然資源、有市場，假如沒有這種領導人才出來加以適當的組織與利用，仍然對於經濟發展不發生作用。然而我們目前就缺乏這種領導人才，其主要原因，就是第三項我們的文化、社會等環境還不足以培養這一群領導人才。這將是台灣經濟發展的一個最大阻礙，遠較資本缺乏、技術落後的因素嚴重得多。

就目前情形來說，改善投資環境的工作，固然要全力去做，但僅是改善投資環境，決不能達到經濟發展的目的，更重要的還是在上述四個因素的改善，但這是一個全面改革的工作，需要政府強有力的領導，也需要普遍的激起人民的自覺，能夠自動自發的向這個方向努力。

最後尹先生說，他寫這篇文章的主要目的，在說明加速一個落後地區的經濟發展，並不是一件簡單的事，所涉及的範圍，包括了文化、社會、政治等各方面，經濟本身不過是因素之一而已。……就我們的情形來說，台灣是落後地區內的進步社會，要使台灣經濟現代化，沒有其他落後地區那樣困難，但決不是僅憑採取一些經濟進步地區的措施，便可達成目的的。台灣要加速經濟發展，要能照我們的理想和需要發展下去，還得要求對前述四項問題，採取行動。總之，經濟發展可以加速，但無捷徑。

尹先生這篇近一萬五千字的鉅作，一再強調一個國家需要從落後的經濟，進步成為現代化國家，不是單純的經濟改革就能成功的。必須要有一整套包括文化的、社會的、政治的等等，進行全面性的改革，才能達成，這需要政府推動強有力的政策，來培養領導人才，才能完成此一任務。這也顯現尹先生要建設「現代化的中華民國」心情之迫切及用心之深。

我再要引用尹先生於一九五九年八月在聯合國中國同志會座談會上，發表的「台灣經濟十年來的發展之檢討與展望」演講（後寫成一本書列入美援會經濟叢刊），指出：「台灣過去十年的經濟發展，政府始終站在領導地位，策劃、推動、獎勵、扶植、保護，如果政府不採取這種積極態度，僅憑民間自動自發的去做，則經濟發展的進度，將比現在落後很多。」

「但檢討過去十年台灣經濟發展的最大失著，沒有發動一個全面性的革新，因而十年之中，雖然在經濟發展方面陸續的作了許多工作，也得到了不少成就。但整個環境還不能與經濟現代化發展的要求相配合。」

尹先生更進一步指出：「沒有從建立制度著手，『徒善不足以為政，徒法不能以自行』真是千古至言。古人論開國規模，首先便主張典章制度，因為推動政務的一套機構便從這裡產生，同時也是施政與接受施政的規範。……但我們與經濟發展有密切關係的許多制度，始終沒有一個全面的配合，或徒具形式，沒有認真的去運作。」

尹先生坦誠的檢討，雖然「全面革新」與「從建立制度著手」，非他職權範圍，但他的呼籲希望凝聚全國上下一心，共同努力邁向建設現代化國家坦途，可見其用心良苦。

6、出版《經濟叢刊》

尹先生為宣導政府政策，推介經濟新知，雖身兼三職，真是日理萬機，連生病都沒有時間去看病，可是他都要想辦法抽出時間寫文章及到處演講，並在工業委員會時出版的《自由中國之工業》月刊及經安會時出版的《國際經濟資料月刊》外，美援會時又出版了《經濟叢刊》，邀請學者、專家就當前國內外重要經濟議題，作深入全面性研究與分析，以補前述兩種月刊的不足。

該「經濟叢刊」，不僅讓非學經濟的人，能對當前重要的經濟議題，能有全面性的了解；對學經濟的人，在離開學校之後，還能對當前經濟議題有所把握，沒有落伍之感。可見尹先生為推廣經濟新知與新觀念，設想之周到。

7、與記者定期進行談話會

尹先生自兼中信局局長開始，為使跑中信局的記者們了解政府經濟政策，解答他們所提出的問題，定期與記者舉行談話會。

據《聯合報》名記者、《經濟日報》副社長林笑峰，在《聯合報》撰寫的〈同聲悼念尹仲容〉一文中，他說：

「現在，當我提起筆的時候，尹先生生前的音容，歷歷猶在眼前，使我不禁潸然淚下。我和尹先生相識已經十三年了。當民國四十年（一九五一）間尹先生擔任中信局局長時，我正好負責採訪中信局的新聞，那時，我曾經聽過很多工商界朋友說，尹先生是一個性格倔強、獨斷獨行的官員，尤其不願意見記者。為了好奇心的驅使，我們採訪中信局新聞的同業在一個適當的安排之下，和尹先生見面，尹先生竟然同意在每週二的下午，和我們見面一次。雖然尹先生是擔任生管會副主委和中信局局長的職務，從他的談話中，他對於當前的國家經濟政策，曾經提出不少精闢的意見；尤其是評論某一些事情，往往一針見血，令人興奮。在幾次談話過後，我覺得尹先生並不如一般人所說的，不願意見記著，甚至，對於我們不了解的一些問題，尹先生不厭其煩地向我們解釋。他與我們是定期談話，從來不爽約，直到他出任經濟部長時，身兼三職太忙而停止。

民國四十七年（一九五八）四月，他出任外貿會主任委員後，再度恢復和我們記者定期每週談話，直到他進入榮民總醫院前四天，還和我們侃侃而談，已達一百九十次，他的談話紀錄近一百萬字，……我們對他的談話，百聽不厭，因為他句句言之有物，使我們受益匪淺。他曾經說過，我和他們幾位記者見面，並不是舉行記者會，祇是和他們幾位老朋友聊聊天……。雖然他只是聊天，但是他的見解，他的主張，常常是第二天各報經濟版的頭條新聞。」

尹先生為宣導國家經濟政策，推介經濟新知，化解記者所提的經濟問題，希望經濟政策能貫徹實施，既使再忙，也要抽出時間，與記者們定期座談，可見他希望國家早日脫離落後，成為現代化國家，用心良苦，令人敬佩。

五、編製「重要經濟指標週報」送行政院院會參考

一九六〇年美援會資料室擴大改組為「經濟研究中心」，除增加研究人員外，也增添了三位統計人員與我合作。尹副主任委員即交代王作榮主任編製「重要經濟指標週報」，於每週四早上上班前，送到行政院供當日上午九時院會人士參考。

王公即將此案交我辦理，我在台糖公司工作時，曾有編「砂糖產銷存量日報」的經驗，但與當年要編「重要經濟指標週報」情況不同。前者是總公司與各個糖廠間的關

係，總公司一紙公文下去，各廠都要遵辦；而後者是向不同機構索取資料，沒有隸屬關係，問題就比較多了。

當年我在選擇週報涵蓋的項目時，考慮能表達當時經濟情況的項目，包括發電量、售電量、鐵路客貨運量及延噸公里、公路客運量及延人公里、物價指數、進出口結匯金額及存放款金額、重要工業產品產量等。其中電力、鐵公路運量，它們原來都有日報表，所以提送週報資料沒有問題，而且這三個單位都是美援支持的機構，合作很好。可是進出口，因海關祇有月報，要其提供週報資料有困難；好在臺灣銀行有進出口結匯資料，而其統計工作是委託美援會屬下的「電腦資料中心」處理，而且尹先生兼任臺灣銀行董事長，當我向臺銀國外部索取進出口結匯數據及經濟研究室索取每週存放款金額時，完全沒有問題。可是物價指數，當時台北市政府統計是每旬逢二、五、八日調查，一個月調查九次，沒辦法編週報。我建議其改為每週一、三、五調查，即可產生週數字，但每月要調查十二次增加人力負擔，我說這個好解決。至於重要工業產品，我只選三項，為砂糖、水泥及棉紗產量。水泥產量可表示房屋建築及公共工程建設，當時只有三家水泥廠，水泥公會有一套完整的統計查報制度，提供也沒問題。而砂糖與棉紗，是製造業與出口分別為第一及第二產品，非常重要。砂糖因有產銷日報，又是我老東家，提供也沒有問題；至於棉紗產量有二十二家之多，當我與棉紡公會總幹事聯絡時，他說只有月報，要做週統計有難處；我說是尹仲容副主委交代辦理的，他說台灣紡織工業是尹先生一手扶植起來的，再困難也要辦。於是很快兩週內就編就「重要經濟指標週報」，於每週三下午下班前送到行政院。

當時美援會委員會議是每月中召開，每月也編有「重要經濟指標月報」，供與會人士參考。

尹先生交代編製「重要經濟指標週報」，並未說明用意，當時我們就想到，尹先生一方面讓參加行政院院會的所有部會首長們，能了解當時台灣經濟情況；另方面也是要與會首長們談到經濟議題，要根據數字說話，不要空談。

還有一九六〇年財政部長兼美援會委員嚴家淦，要赴瑞士參加聯合國經社理事會，擔任我國首席代表，邀請美援會祕書長李國鼎為團員之一，隨同前往。他對李祕書長說，主計處所編印的「中華民國統計年鑑」一大本，實在不利於攜帶，而且所登載數據都沒有作比較分析，應用起來很不方便。可否請美援會同仁編一本小冊字，可放在口袋內，便於攜帶，而且要有比較分析，可隨時拿來用，不要再計算。於是李祕書長交代我，編一本《Taiwan Statistical Data Book 1960》，分門別類、有系統的將國內所能搜集到的各項經濟社會資料統計，並進行各種統計分析，包括國際比較，用起來很方便，後來鉛印出版，很受社會歡迎，每年編印出版，直到二〇二〇年開始改為電子版。

一九六一年七月一日政府邀集海內外專家、學者、農、工、商界，以及反共人士一百五十人，於陽明山召開會議，共商反共復國大計，因會談地點在陽明山，故稱「陽明山會談」。會前美援會尹副主委交代我，將「Data Book」翻譯成中文，名稱為「台灣經濟統計手冊」，分送陽明山會談與會代表，因出席該會的都是華人。可見尹先生一有機會就推廣統計數據，希望國人談到經濟議題時，都能根據統計數據說實話、說真話，不要打高空，無法解決問題，可見用心之良苦。

六、接任臺灣銀行董事長

一九六〇年七月二十日尹仲容奉命兼任臺灣銀行（簡稱臺銀）董事長，當時中央銀行尚未復業，其業務方面由臺銀代理。於是臺銀有兩大任務，一是省銀行的任務，除代理省庫外，也辦理一般銀行的存放款等業務；另一是中央銀行的任務，包括發行鈔票、代理國庫、維持貨幣對內外的幣值，以及促進經濟的成長。因此，臺銀的責任遠較其他省銀行及一般商業銀行責任重大。

尹先生在接任臺銀董事長之前的一九五九年，發生嚴重的「八七水災」（如前文所述），開始影響物價上漲，雖有部分係非貨幣因素，但水災以後，公共支出大幅增加（為救災及復建之用），導致貨幣供給額隨之增加，自亦為主要因素之一。

在此背景下，尹先生就任臺銀董事長時發表談話，一開始即說明：「臺銀一切措施之基本原則，在配合政府政策，為避免或減輕貨幣性之通貨膨脹，以維持幣值，求取經濟的穩定。為達到此目的，對於各種膨脹因素，在臺銀業務範圍之內者，不得不予以控制，並視實際情形，隨時予以調節。」

由於尹先生此一談話，工商界認為緊縮氣氛加重，加以正於此時幾家規模較大，且具歷史的工廠，發生倒閉或瀕臨倒閉的情況。而工商業界認為他們最大的困難是缺少生產周轉資金，而生產資金的缺乏，是因貨幣供應未能配合生產成長率的提高而增加。因此，工商界所需的生產資金，只得以比較高的利息求之於黑市，最後因盈利不足負擔沉重的利息，而發生週轉不靈，瀕臨破產的危機[34]。

尹先生不同意這樣的論調，與省議員辯論，有幾位省議員提議，舉辦一次座談會，商討工商資金與有關金融問題。

（一）召開「工商金融座談會」，討論工商界資金不足問題

台灣省議會於一九六〇年九月一—二日在台北舉行「工商金融座談會」，邀請財經首長、工商金融界人士與省議員等百餘人參加。會議由黃朝琴議長主持，他首先提出座談的範圍，包括國民生產與貨幣供應額問題，如何促進資本形成與誘導外資問題，黑市游資與利率等問題。

會議先由財政部長嚴家淦、經濟部長楊繼曾報告，與會人士發言非常踴躍，其不及發言的尚提書面意見，最後尹先生以臺銀董事長身分提專題報告。會後省議會將兩日會議情形輯成專冊，超過二百頁，可見會議討論之熱烈。

尹董事長以「台灣的金融與臺灣銀行的責任」提專題報告。他一開始就說明：「今天我擔任臺銀董事長，如果要工商界對我鼓掌是很容易的事，……如果臺銀對於借款來者不拒，事情就解決了。但是今天臺銀董事長，尚有其他的責任，所以要開座談會彼此交換意見。各位的意見我承認有的不知道，然大部分我過去曾有過主張，所以大概還算清楚。現在我要講的是：（1）關於台灣金融貨幣一般的情形；（2）臺灣銀行的責任；（3）答覆對各位提出的很多意見。而我的答覆只代表我個人的看法，各位的意見如果在

法令範圍內，當然可以實行；在法令範圍外，我可以把各位的意見及我的意見向政府陳述，有結果後才能算數。」

（1）台灣最近的金融情形

尹董事長先說明貨幣供應額與物資供應和服務供應間的關係，顯示有無通貨膨脹。他運用許多數字來證明通貨與物價的變化，是否有通膨問題。然後他以一張統計圖來說明，從統計上可以看到，許多年來我們的物價仍在上漲，顯示台灣仍舊在通膨狀態之下。

（2）談臺灣銀行的責任

臺銀除了省銀行應有的業務外，仍舊負有中央銀行的任務。中央銀行要達到三種任務：第一要維持對內和對外的貨幣價值，所謂對內幣值就要求國內物價的穩定，對外貨幣價值就是要求匯率的穩定；第二要促使國內生產增加，所謂生產包括物資和勞務在內；第三要促進國內就業的增加。

要達到中央銀行上述三個目的，有三個手段：一是公開市場的運用；二是調整利率，不往高走，也不往低走，而是有時要高，有時要低；三是將商業銀行存款準備率提高或降低。大家對台灣金融情形恐怕都有一個同感，覺得對外幣值還算穩定，對內幣值就不見得穩定了，應該來設法穩定對內的幣值。所謂對內幣值的不穩定，就是物價有漲有跌。物價上漲有兩種，一種是貨幣供給過量增加，使得社會握有過多的購買力，超過物資和勞務的有效供應量，錢多物少，物價便要上漲；第二種原因由於非貨幣因素所引起的，如八七水災使生產減少，物價就上漲了。

大家一致認為現在資金應該很緊，是否有害於生產？一般看來，我們的生產是往上走，並沒有減產，祇是近年來增加的速度沒有以前快，因此，尹先生說，我們正在推行一個「加速經濟發展計畫」。立法院剛通過政府即將公布的「獎勵投資條例」，就是要吸引投資加速經濟發展。但他講的投資是指真正的投資資金，足以代表生產與勞務，不是一張空頭支票。我之所以要提倡節約消費，便是希望少消費一點物資，以便投到生產上面去；因為如果不增加投資性物資的供應，而祇圖擴充信用，結果便是膨脹。

在利率方面，外匯匯率是測量貨幣對外價值的尺度，而利率是測量國內合理投資的尺度。假定利率問題不解決，國內資源決不會得到合理的分配。今天台灣有各種不同的利率，是否應該將高的利率拉低，或者把比較低的利率提高，我認為這樣對資源的合理分配是有好處的，可以發揮其最高效用。

現在的跡象是大家囤積的資金回到資金市場來了（筆者註，過去因新臺幣貶值，大家存美金，現在匯率穩定，存美金無利可圖，把它換回臺幣存銀行賺利息），這自然是好現象，因為這些資金可以透過金融機構，用到生產建設的途徑上去。將來的儲蓄是要一步一步增加的，那時候資金便充裕了，基於供求定律，利率自然會降低，這才是經濟的常規。財經措施沒有把戲可變，不過是要盡量設法恢復市場的自然功能而已。

至於存款準備金都已提到最高的一五％，這不是我提的，老早就是這樣了。有人認為臺銀於保證準備金之外，又有付現準備金一五％之規定，沒有法令依據。尹先生說明這是根據銀行法第四十八條，中央銀行法第二十八條第二款的規定辦理，依法有據。

在上述三個辦法施行以後，台灣的金融是否就安定了呢？問題沒有這麼簡單。金融是整個經濟的一環，尚要財政、經濟各種政策相互配合才能成功。我願意強調一點：金融政策最大的功用是使資源得到合理的分配，但卻不能做到限制消費，限制消費只有透過財政政策。所以現在的租稅政策，不但要使財政收支平衡，而且要達到限制消費和增加儲蓄的目的。等到儲蓄增加，再透過金融上的運用，來達到增加生產和促進貿易的目的，然後才可以達到經濟繁榮的境界。

（3）答覆與會各位的問題

黃議長將各位的提問整合為三點：

①現代工商界缺乏資金，希望財經主管正視現實，採取積極性的扶助辦法，解決當前短期生產資金之不足。他認為必須要正視現實，一定不要採取通貨膨脹的辦法來做，否則後果嚴重。

②設法增加國民儲蓄，促進資本形成，以充實長期資金。他極表贊成，我們一定要用種種方法來達到這個目的。

③建立證券市場，吸收游資，使民間儲蓄能透過市場參加合理的公開投資。這點他也非常贊成，但需要逐步努力，昨天下午剛剛成立證券市場管理委員會，就是第一步，第二步當然就可以成立證券市場。

尹董事長繼續說，假定不擴張信用，死結打不開，臺銀對於金融的調劑，依然不能不問。台灣今天就是要靠增加生產，才能度過難關，這是長期救窮的辦法。至於短期救急的辦法很多，他舉了好幾個實例，證明解決了問題。他解釋稱，臺銀除負責的中央銀行任務外，單就省銀行部分而言，臺銀不但貸了，而且超過貸款能力，甚至有許多貸款是虧本的。而這種狀況下，不得不十分小心。

他最後說，企業界一般的毛病，在於拿短期資金作為長期之用，這是不健全的現象，短期資金稍微膨脹一點無所謂，長期資金決不能膨脹，長期資金一定應取之於儲蓄，儲蓄不夠取之於外資，就是不能發行鈔票[35]。

實際上，尹先生早在他接任臺銀董事長之前的一九五九年七月就寫了一篇〈我對台灣通貨膨脹的看法〉[36]，開宗明義即指出：「通貨膨脹一日不遏止，經濟一日不穩定，則我們的全盤經濟活動便一日不能完全納入正軌，經濟進步便要受到很大的阻礙。因此，控制通貨膨脹，達到經濟之進一步的穩定，應是當前努力以赴的重要經濟目標之一。」尹先生根據他多年來推動經濟發展的經驗，深知通貨膨脹對經濟發展之傷害，如何有效控制通貨膨脹，在他心目中早有規劃。當他接任臺銀董事長，並代理中央銀行任務，便立即劍及履及的將他的主張落實執行。雖遭受到工商及金融界的質疑，但經過座談會兩天的討論，他兩小時運用許多統計數據及實例，把事情說清楚、講明白，化解了與會者的質疑。顯見溝通是解決許多問題的重要工具。

（二）發行「百元大鈔」引起的風波

一九四九年幣制改革時，新臺幣就印有一元、五元、十元及百元券四種，但百元券並未發行。據我事後的研究，當時百元券未發行，有三個原因：一是大陸通貨膨脹經驗，鈔票面額愈發愈大，通貨膨脹不斷升高，形成了惡性循環；二是台灣光復初期，由於物價急遽上升，原有萬元鈔票已不能適應需要，增發十萬元券，最後臺灣銀行發行百萬元的定額本票，與鈔票於市場並行流通，其氾濫情況之嚴重，可想而知。因而有聞「大鈔」色變之懼；三是當時新臺幣限額發行，總金額發行有限，沒有發行百元券的必要。當時印製百元券，是備日後需要之用。

但嗣後各年物價一直未能真正穩定下來，加以一九五八年爆發「八二三炮戰」，一九五九年七月畢莉颱風肆虐台灣東北，八月又發生暴風雨的「八七水災」，使中南部造成嚴重傷害，以致一九五八、一九五九年物價又呈兩位數上升，政府不得不繼續採取緊縮措施。

一九六〇年上半年物價已趨穩定，而臺銀原訂的限額發行早已超過，臺銀增加了「限外發行」，一九五九年底總發行額已是限額發行的十倍以上，原發行的十元券早已不敷需要，致使大額交易帶來不便。於是臺銀尹仲容董事長於一九六一年六月九日在例行記者會中指出：「一九四九年六月十五日發行新臺幣時，百元券已經印妥，但因客觀環境未成熟，以致沒有發行。政府於十二年後的今天，主要是台灣經濟發展環境已改善，尤其去年五月三十一日新臺幣發行量為二十六億七千八百萬元，而今年五月三十一日的發行量卻減少為二十六億一千萬元，不增反減。因此，政府才決定於此時推行百元券[37]」。

臺灣銀行發行百元大鈔。（翻攝自《臺灣全記錄》，錦繡出版社，二〇〇〇年十一月）

此一訊息經媒體發布後，引起社會恐懼而反對，尹董事長當時解釋，根據專家研究，發行大鈔與物價變動沒有直接關係；影響物價上漲的是貨幣數量增加率，超過物資與勞務增加率。他繼續以輕鬆的口吻說，如果發行大鈔物價就會上漲，那麼臺銀廢止十元以上的各券，改為一元券，看看物價是否會下跌？

可是仍有反對發行大鈔的立法委

員，在立法院院會中，興師問罪，要求政府收回成命，停止發行，否則要追查行政責任。尹董事長在立法院答詢時，一再說明發行大鈔與物價上漲沒有關係（如以上所說）。但立法委員聽不進去，要追究行政責任，尹董事長便表示：「這是我個人所做的決定，要是影響物價，我當引咎辭職，受一切處分。」

結果一九六一年，台北市躉售物價上漲率，自一九六〇年上漲一四．一五％，降為僅上漲三．二三％，一九六二年上漲三．〇四％；消費者物價自一九六〇年上漲一八．四％，一九六一年降為上漲七．八三％，一九六二年更僅上漲二．三七％，連續保持兩年的物價穩定，證實了尹董事長當時的決定的正確，風波才逐漸消失。

尹先生雖敢於改革，勇於承擔，但所遭受的阻力及困難從未少過，因此，曾任中信局祕書處長的周君亮，在尹先生逝世後，為紀念其老長官，撰寫〈身後但餘書滿架——追記尹仲容先生〉文中，在談到尹先生發行百元券，遭遇的反對責難時，寫到他（指尹先生）的改革辦法，不獨需要真切的遠見及特識，更其需要敢於揹起十字架的精誠。「擇善」需要智慧，而「固執」卻更需要勇氣[38]。真是一針見血。

七、舉辦「加速經濟發展展覽會」及推動「三一儲蓄」運動

當一九六〇年推動加速經濟發展計畫，政府方面需要辦理的有關法令規章，設立的有關機構，增聘人才，以及研擬的第三期經濟建設四年計畫（即「加速經濟發展計畫大綱」的執行計畫）均已完備時，但若不能得到民間配合，「自立自強」目標將難達成。而且當時民間對「經濟發展」知識一無所知，更對儲蓄、投資和經濟建設，以及與個人生活的關係，也不了解。於是美援會經檢討後，由副主委尹仲容決定舉辦「加速經濟發展展覽會」，歡迎大家來參觀，以增進人民對儲蓄、投資、加速經濟發展，與提高人民生活水準之間的關係。

在規劃準備工作完成後，報請行政院核定於一九六一年元旦在台北市省立博物館，舉辦「加速經濟發展展覽會」。這是台灣光復後政府第一次舉辦的展覽會，是以圖表、文字、實物模型，及邀請廠商以其最能與生活有關的產品，配合展出。圖表是以過去八年執行第一、二期四年經濟建設計畫重要成果為主，初稿均由我負責繪製提供，並以農地改革、工業建設及家庭生活改善等六個陳列館展示。

展覽會開幕典禮由美援會副主委尹仲容主持，副總統陳誠致詞，老總統蔣中正及夫

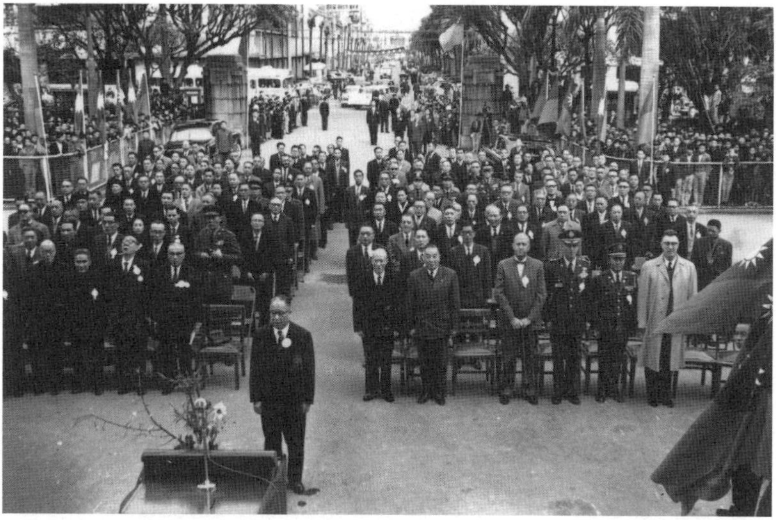

美援會尹仲容副主委主持加速經濟發展展覽會開幕典禮。（圖片來源：國史館）

加速經濟發展展覽會於台灣省立博物館舉辦，照片中是當時的景象。（圖片來源：國史館）

加速經濟發展展覽會內的陳列。（圖片來源：國史館）

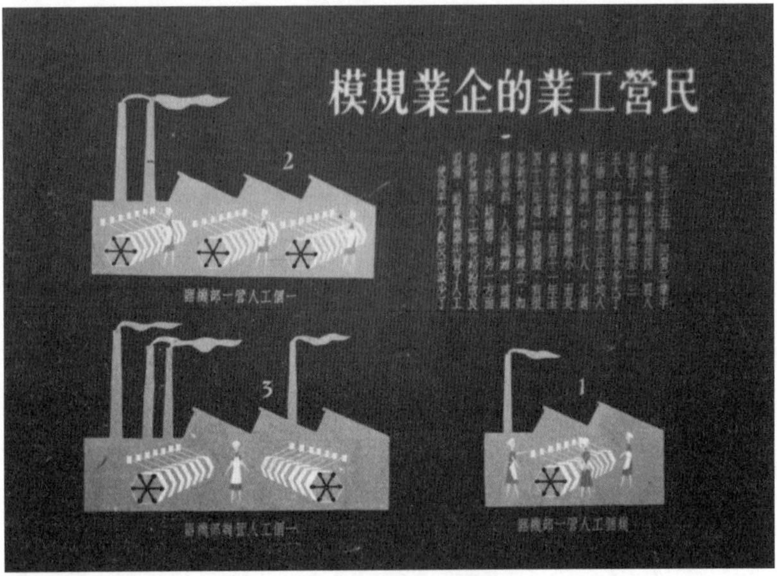

加速經濟發展展覽會內的陳列。（圖片來源：國史館）

加速經濟發展展覽會內的陳列。（圖片來源：國史館）

加速經濟發展展覽會內的陳列。（圖片來源：國史館）

在加速經濟發展展覽會揭幕式後，陳誠呼籲全國同胞一人一天儲蓄一元，支持經濟發展，稱為三一運動。（圖片來源：國史館）

第十信用合作社開辦幸福存款處。（圖片來源：國史館）

人親臨參觀，對展出內容備加讚許，掀起了高潮，展出十五天，參觀大眾超過二十萬人。結束後，繼續移往高雄、台中展出。展覽會極為成功，收到政策宣導的效果。

陳副總統的開幕致詞稿，係由美援會經濟研究中心主任王作榮執筆，王主任將講稿撰就後交予我閱讀時，我向王主任建議加一段推行「三一儲蓄」運動，也就是落實執行「十九點財經改革措施」的方式之一。因我在研擬「加速經濟發展計畫大綱」時，了解儲蓄對國家經濟發展的重要性。曾思考如美援停止，我們如何化解投資財源不足的問題。當時就想到如何增加儲蓄，於是想到集腋成裘、小兵立大功的方法：只要一人一天存一元，一年就可存三百六十五元，當時人口將近一千一百萬，一年即可累積新臺幣四十億元，相當於一億美元，而當時美國經濟援助我們平均每年也是一億美元。於是美援即使停止，我們也不要怕，只要每人一天存一元，即可補足美援停止的需要。王主任同意我的建議，就將推行「三一儲蓄」運動，納入陳副總統的講稿中。

沒想到的是，陳副總統致詞後，接受天行電台記者的訪問，陳副總統特別呼籲全國同胞每人每天節省一塊錢（元），以支持加速經濟發展的需要，因此，更受到社會輿論的重視，大事宣傳。

同時美援會擬就「增進國民儲蓄方案」，邀請臺灣銀行、郵政儲匯局和台北市第十信用合作社，辦理示範兩年期儲蓄存款。因獎勵投資條例規定「二年期儲蓄存款」所獲得的利息，減免其利息所得稅。其中尤以台北市第十信用合作社最為積極，開辦「幸福存款」，每人每天存一元，一年到期可領四百元。並在許多學校設置窗口，吸收小額存款，打響其知名度，也帶動其他銀行及合作社紛紛開辦「二年期儲蓄存款」，大家也踴躍赴銀行及合作社開辦儲蓄存款戶，一時掀起了儲蓄潮。

實際上，過去中國人本有「儲蓄」的美德，但在台灣光復初期，由於所得太低，為了生活需要，已無餘資儲蓄。後來經濟成長，所得提高，為了改善生活，提高生活水準，早將「儲蓄」拋之九霄雲外。在大家參觀「加速經濟發展展覽會」後，了解「儲蓄」與加速經濟發展、人們生活改善之間的關係；再加上陳副總統呼籲大家每人每天省一元，將它儲蓄起來作為投資的財源，就能加速經濟成長，提高我們未來的生活水準，喚起了大家「儲蓄」的意識，使儲蓄率（儲蓄占GDP的比例）快速上升。至一九六五年美援停止時，儲蓄已能充分支應固定投資的需要（詳見第五章），達到自力成長的目的。

第五章 尹仲容推動經濟改革的成果及其原因探討

尹仲容先生自一九四九年中出任生管會常務委員，隨後升為副主任委員開始，到他一九六二年十二月入住榮民總醫院檢查的十二年半間，扣除訴訟及閒置的兩年，計服務公職十年半，期間他推動的一連串經濟改革，其成果如何，應作客觀深入的探討。茲分兩方面說明：

一、改革成果

（一）新臺幣大幅貶值，並未影響物價上漲

新臺幣對美元大幅貶值，不僅未影響物價大幅上升，反較過去更穩定。貶值後的

十二年間（一九六一－七二），台灣消費者的物價指數平均每年僅上漲三・三%，較貶值前八年（一九五三－六〇）每年上漲九・七%低了很多，亦較同時期工業國家平均每年上漲三・五%低。其原因可從四方面來分析：

1、供需關係，在外貿改革之前，一般通常的匯率為每美元兌新臺幣二十四・七八元，一九六〇年七月一日實施單一匯率時，是一美元兌新臺幣四十元，貶值三八%。但改革前一般進口外匯申請額，其核准率約在五〇%左右，後來申請額不斷擴大，核准率就不斷下降，最低時降到六%。顯現進口量不能滿足國內需求，其進口品在國內市場物以稀為貴，出售時決不會按進口成本加合理利潤定價，而是看市場供需，定其出售價格。當時我們曾經調查，進口品在國內出售價格，折算成美元計算其匯率，結果是新臺幣五十元以上兌一美元，是真實結匯率的兩倍以上，其中也有許多產品出售價格，換算成的匯率高達新臺幣一百元兌一美元。顯示當年獲准進口廠商，即可獲得暴利，成為既得利益者。

可是外貿改革後，雖新臺幣貶值為四十元兌一美元，但其進口外匯申請核准率大幅提升，後來一〇〇%的核准（外貿改革初期，由美援提供三百萬美元，故有能力提高核准率，後由於出口大幅增加，外匯充裕，申請進口全部核准），因而進口品大幅增加。自新臺幣貶值四十元兌一美元之前的八年（一九五三—六〇）間每年進口增加六．〇%，貶值後的一九六一—七二年，每年進口增加一九．五%，超過前者兩倍以上。原按五十比一匯率的還能維持原售價，可是原按五十元以上，甚至一百元匯率的進口品，由於進口品供應的增加，非降價不可，否則難以銷售。

2、國際物價趨穩，根據海關商品進口統計，一九五八—六〇年三年間（受統計資料限制）進口商品單價指數，平均每年上漲一四．六%；一九六一—七二年的十二年間，平均每年上漲三．二%，也有助國內物價的穩定。

3、貨幣供應額增加率與經濟成長率比較，在新臺幣貶值至四十元兌一美元前的八年間，經濟成長每年為七．六%，而貨幣供應額增加率平均每年高達二〇．九%，是前者的二．七五倍。但貶值後的一九六一—七二年，平均每年經濟成長率高達一〇．二%，而貨幣供應額增加率為一七．五%，是經濟成長率的一．七倍，與前八年比較的確有通貨相對緊縮現象，對物價上漲有抑制作用。

4、製造業生產力大幅提升，在新臺幣於一九六〇年大幅貶值至四十元兌一美元後，出口大幅增加，促進經濟成長率在一九六一—七二年，每年高達一〇．二%，帶動就業大幅增加，也刺激製造業工資大幅上升，平均每年增七．六%，對物價上漲應是一大壓力。不過當時由於製造業投資機器設備大幅增加，及員工訓練的加強，致使同時期製造業勞動生產力每年提高達一〇%，不僅吸收了工資的上升，反使每單位產品勞動成本下降二%，產生了穩定物價作用。

由於以上原因，雖新臺幣大幅貶值，而物價上漲率並未上升，反而下降的關鍵所在。這也是當時嚴家淦先生向陳副總統報告，新臺幣大幅貶值，會影響物價上漲，但如採取有效措施，應可避免，他說服了陳副總統採取大幅改革的建議。事後證實嚴先生的說法，完全正確。這也是尹仲容先生改革前，心中早有的規劃。

（二）尹先生推動一連串經濟改革後的成果

尹先生推動一連串的經濟改革，對日後總體經濟究竟產生何種影響，除物價穩定外，再從以下各方面來探討：

1、國民消費占ＧＤＰ比例大幅下降，儲蓄及固定投資占ＧＤＰ比例大幅上升

尹先生一再強調要抑制消費，增加儲蓄，以國內儲蓄充分支持國內投資的財源，早

表一、國民消費、儲蓄與固定投資占國內生產毛額（GDP）比例

年度	國民消費（%）	國內儲蓄（%）	固定投資（%）	儲蓄與固定投資比較（%）
1952	90.7	9.3	11.3	-2.0
1960	87.3	12.7	16.7	-4.0
1965	80.1	19.9	17.0	2.9
1972	67.9	32.1	23.9	8.2

資料來源：經建會《Taiwan Statistical Data Book 1980》第36頁。

日脫離對美援的依賴。

根據行政院主計處當年發布的國民所得統計資料，如表一所示：

根據上表所示，在實施「加速經濟發展計畫」、「十九點財經改革措施方案」及「獎勵投資條例」之前的一九五二及一九六〇年，國民消費占GDP的比例分別為九〇·七%及八七·三%，下降有限。因此，同時間國內儲蓄占GDP比例，只有九·三%及一二·七%，遠不敷固定投資的需要，其不足之數，靠美援支持。

在該等改革後，至一九六五年七月一日美援停止時，一九六五年國民消費占GDP比例，已降至八〇·一%，而國內儲蓄占GDP比例，升至一九·九%，已超過同時固定投資占比。顯示尹先生追求的以國內儲蓄充分支持固定投資財源，早日脫離對美援依賴的目標已達成。

表二、進出口金額

年度	出口（1）	進口（2）	差額 （1）—（2）
1、金額（百萬美元）			
1952	116	187	-71
1960	164	297	-133
1972	2,988	2,514	474
2、平均每年增加率%			
1953-60	4.4	6.0	
1961-72	27.4	19.5	

資料來源：同表一，第183頁。

2、出、進口金額大幅增加，由入超轉變為出超

一九五八年「外貿改革」的主要精神，是自消極的限制進口，改為積極的鼓勵出口，謀求對外進出口貿易的平衡，更希望新臺幣能夠自由兌換。

由上表可知，新臺幣貶值至合適匯率及政府對出口實施的各種優惠，一九六一—七二年的出口平均每年增加率，自前八年每年增加四·四%，遽升到二七·四%。

同時間，雖進口平均每年亦大增一九·五%，但仍舊在出口增加率之下，因而一九七二年產生四百七十四百萬美元的出超，早已超過對外貿易平衡的目標。但是新臺幣的自由兌換，直到一九八七年七月十五日「管理外匯條例」修訂後才實現，延後了二十多年。

表三、各業生產淨值占國內生產淨額（NDP）比例 單位：%

年度	農業（1）	工業（2）	比較（農業＝1）
1952	35.9	18.0	0.50
1963	26.8	28.1	1.05
1972	14.1	40.4	2.87

資料來源：同表一，第34頁。

3、產業結構快速調整，自落後的農業社會進步到新興工業化國家

台灣光復初期，是純粹的農業社會，農業生產占總生產的比例，估計近五〇％，農業就業更高占總就業的六〇％以上。直至一九五二年國民所得統計正式發表的資料，如表三所示，農業生產附加價值仍高占NDP三五・九％，是工業生產占一八％的兩倍。不過在尹先生主持的生管會、工業委員會及經濟部大力推動工業發展後，很快自一九六三年工業生產占比超過了農業。至一九七二年工業生產占比已高達四〇・四％，是農業生產占比一四・一％的二・八倍。這種經濟結構的快速調整，在台灣不到三十年，而歐美先進國家多要百年以上，英國更超過兩百年，即使日本也要七十年，如表四所示。

4、民營工業快速成長

尹先生自一九四九年進入生管會，即大力扶持民營工業發

表四、從農業社會進步到工業社會所需時間

國家	所需時間
英國	200年以上
法國	127年
德國	104年
義大利	100年以上
美國	約100年
日本	70年
中華民國（台灣地區）	28年

資料來源：1. 日本野村陸夫及久保恭一合著《日本工業結構的分析》，1967。
2. 同表三。

展，後來主持工業委員會、美援會及經濟部，更引導民營企業投資，加速了民營工業的快速成長，自一九五二－六十年平均每年成長一六．七％，已夠高了，到一九六一－七二年更高達二四．五％；而公營製造業生產增加率，則一直維持在八．五％左右。因此民營製造業產值在製造業附加價值總額中占比大幅提升，自一九五二年的四三．八％，至一九七二年躍升為八六．〇％，成為製造業成長的主軸，如表五所示。

5、經濟快速成長，人民所得大幅提升

尹先生之所以倡導節約消費，鼓勵儲蓄、增加投資，其目的即在加速經濟成長，大幅提升人民所得及創造大量就業機會，降低失業。

就前兩者而言，台灣經濟成長率，在大幅改革前

表五、公民營製造業生產增加率及所占比重

製造業公民營生產平均每年增加率（ % ）			公民營生產在製造業附加價值中所占比重（ % ）		
時間	民營	公營	時間	民營	公營
1952-60年	16.7	8.6	1952	43.8	56.2
1961-72年	24.5	8.5	1960	54.7	45.3
			1972	86.0	14.0

資料來源：同表一，第78及81頁。

的一九五三—一九六〇年的八年間，由於美援的有效運用及國人的努力，平均每年增加七．六％，在國際間已是高成長國家之一。在經濟大幅改革後，雖前述申請美國「重點經濟援助」，美國國會並未通過，且一九六五年七月一日因我國運用美援有成，經濟快速成長，已有「自力成長」的能力，是最先停止美援的三個國家之一。

同時，由於我國財經政策改革方向正確，加以人民的配合，共同努力，使改革都能貫徹執行，一九六一—七二年十二年間，平均每年經濟成長率，更是兩位數的成長，達一〇．二％，超過工業國家同時期經濟成長平均每年四．七％的一倍以上。

至於每人國民生產毛額（GNP）平均每年實質增加率，亦自前八年的四％，後十二年提高到七．四％。每人GNP折合為美元則自一九五二年的八十七美元，到一九七二年躍升至五百一十九美元，如表六所示。這二十

表六、經濟成長率，每人GNP增加率及每人GNP金額

時間	平均每年經濟成長率（%）	平均每年每人GNP增加率	每人GNP金額	
			時間	美元
1952-60年	7.6	4.0	1952	87①
1961-72年	10.2	7.4	1972	519

資料來源：同表一，第22、25及26頁。
註①：係按當年黑市匯率每美元兌新臺幣20.07元計。
（資料來源：《Taiwan Statistical Data Book 1972》第159頁）。

年間平均每年增加率高達一六％，奠定較高的基礎，致使一九八八年每人GDP高達六千五百四十一美元，進入中高所得國家之林。

根據諾貝爾經濟學獎得主顧志耐教授（Simon Smith Kuznets）研究各國經濟發展經驗，凡在快速經濟發展時期，由於需要大幅增加，隨同而來的即是通貨膨脹，各國為了抑制通貨膨脹，不得不採取緊縮措施，犧牲經濟成長。雖經濟快速成長與物價的穩定，是每個國家經濟發展所追求的目標，但無法同時達成，而臺灣於一九六一－七二年十二年長時期，同時達成經濟快速成長與物價穩定的雙重目標，在世界經濟發展史上，還是首例，故被顧志耐教授稱為「經濟奇蹟」。

6、就業大幅增加，失業率降至二%以下

尹先生所追求的增加就業，降低失業率的目標也已達成。如表七所示，改革前的一九五三－六〇年平均每年增加就業

表七、就業人數及失業率

年度	就業人數	失業率
1、就業人數（千人）		
1952	2,929	6.0①
1960	3,473	4.0
1972	4,448	1.5
2、平均每年增加人數（千人）		
1953-60	68	
1961-72	81	

資料來源：行政院主計總處國勢調查處提供，2023.1.30
註①：係筆者估計

人數為六・八萬人，後十二年每年增加八・一萬人，雖自動化程度大幅提高，但就業增加人數，仍較前段提高二成，致使失業率自一九五二年估計在六％以上，一九六〇年降至四・〇％，一九六八年更降至二％以下，一九七二年降至一・五％，達到充分就業。

7、自所得差距懸殊，改善為所得分配最平均的國家之一

所得差距，在國際間多採用五分位法中，用最高與最低所得者間的差距來比較。所謂五分位法是將所有家庭按所得大小排列起來，從所得最少的開始，第一組二〇％家庭是最低所得者，以次類推；第二組二〇％家庭是較低；第三組是中間；第四組是較高；第五組二〇％家庭是最高所得者。以最高所得組平均每

戶所得與最低所得組比較，其倍數即代表高低所得者間的差距。

該等所得資料是靠辦理家庭收支調查而得，早期在政府未正式調查前，臺灣大學統計學教授張果為曾接受國民黨中央黨部委託，辦理台灣一九五四年的家庭收支調查，其調查報告指出高低所得差距是十五倍，所得差距相當懸殊。後政府開始調查，一九六四年調查的結果是五．三三倍，到一九八〇年下降到四．一七倍，如表八所示，成為全世界所得分配最平均國家之一。

台灣所得差距能夠迅速改善，其主要原因有四：

（1）土地改革，實施耕者有其田，使佃農變成自耕農。佃農原為最低所得者，變成自耕農後，許多最低所得家庭晉升到第二，甚至第三組的較低所得者與中所得者。

（2）尹先生當年大力推動的民營工業發展，多係中小企業，而中小企業主，絕大多數原來都是較低及最低所得者，由於創業而所得增加。

（3）由於投資大幅增加，促進經濟快速成長，創造大量就業機會，使最低所得家庭中的失業者獲得工作，增加最低所得家庭的所得。

（4）工資大幅上升，靠工資收入的勞工家庭，大多數為最低所得者，在工資大幅上升後，不但所得增加，更由於工資上升率超過物價上漲率，致實質工資在一九六一—

表八　高低所得家庭差距

年度	按五分位法，最高所得組每戶所得是最低所得組每戶所得的倍數
1954	15.00倍
1964	5.33倍
1980	4.17倍

資料來源：1. 張果為「1954年台灣家庭收支調查報告」，1956。
2. 行政院主計處「69年（1980）家庭收支調查報告」，1981。

七二年平均每年上升四・四％（如前文所述，該期間工資上升七・八％，消費者物價指數上漲三・三％），使勞動者家庭生活水準大幅改善。

顧志耐教授根據他多年研究開發中國家經濟發展經驗指出，多數開發中國家從事經濟發展後，使有錢人更有錢，窮的更窮。因為以錢賺錢容易，以勞力賺錢較難，所得差距擴大了、惡化了。臺灣不但沒有惡化反而大幅改進，是台灣一項了不起的成就，他在國際間很多場合，對臺灣經濟的成就大加讚譽。

（三）民營企業不斷茁壯擴大

尹先生自一九四九年任職生管會、工業委員會、中信局、經濟部及復出後的經安會、美援會、外貿會及臺灣銀行，十年半來在各個崗位上，對推動民營企業發展，從未鬆懈過。當時推動的民營企業都是中小企業，在他積極輔導下，不斷的茁壯擴大。它們在本業獲利後不斷擴大生產規模，轉投資於其他產業，稱為「跨產業集團」，有的更到國外投資發展，被稱為跨國大企業集團。

這些第一代的中小企業主，在政府輔導下，加以自己的不斷努力，擴大生產，對當年經濟的快速發展作出卓越貢獻，自己也逐漸增長成為台灣第一代企業家。再加以第二代受到良好教育，有許多到國外留學或工作，更具有跨國經驗，接班後，不斷的擴展，大多數都成為大集團企業，為當前經濟撐起半邊天。

據我記憶所及和參考林笑峰先生所著《台灣經濟發展不是奇蹟》，將第一代企業家的中小企業，後逐步擴大為「跨產業集團」與「跨國大企業集團」，整理如下：

1、跨國的大企業集團

1、王永慶創辦的台塑公司，在工業委員會輔導及申請到七十萬美元美援貸款支持下，於一九五六年建廠完成時，日產PVC塑膠四公噸，為世界上最小的PVC工廠。經王永慶不斷的努力擴展，至一九八〇年代後，不僅成為世界最大的PVC工廠，更擴展到塑膠加工、化纖、機械、石油煉製、石化及電子、鋼鐵以及教育和醫療等產業，成為跨產業、跨國的大企業集團。

2、徐有庠於一九四九年，將其在上海的遠東織造廠的機器設備遷來台，改為遠東紡織公司。該時，正是尹先生在生管會將紡織工業列為三項優先發展工業之一，在政府大力支持保護之下，迅速擴展。後更擴展到百貨、水泥、化纖、製衣、貿易、海運、醫療、電信以及教育等等，成為跨產業、跨國的大企業集團。

3、苗育秀主持的聯華實業公司，原產麵粉，在工業委員會時，尹仲容為節約食米外銷賺外匯，利用美援小麥生產麵粉，大力宣傳推銷麵食（如前文所述），於是麵粉工業很快興起。聯華實業公司即開始投資其他產業，包括氣體、造紙、化學品、貿易、保險、倉儲運輸、創投、信託證券買賣及電腦等。現在最重要的是神通電腦及聯強國際電腦，也成為跨產業、跨國的大企業集團。

4、吳火獅於一九四九年開始從事纖維買賣業，後成立新光合纖公司，一躍成為人造絲、尼龍絲、特多龍的製造業。當時正是工業委員會推動「人造纖維」工業發展，因此順勢大幅成長，除轉投資紡織、毛紡、針織、染整、成衣相關產業外，也投資食品、保險（人壽及產物）、百貨、醫療及金融等，也成為跨產業、跨國際的大企業集團。

5、吳尊賢，台南幫創始人，原做紗布批發，在高清愿的輔佐下，後成立台南紡織廠，誠如前述在尹仲容先生優先發展紡織工業的扶植下，迅速擴展，後再轉投資環球水泥、九和汽車、福特六和汽車、利華羊毛、瓦斯、媒體、金融和統一企業（包括食品、藥妝醫療用品等），以及教育等等，其中尤以「7-Eleven超市」與「星巴克咖啡」最著名。

下列跨產業的大企業集團中也有許多跨國大企業集團，因缺乏資料未能列出。

2、跨產業的大企業集團

1、食品、飼料業開始，後轉投資其他產業及海外投資的有：黃烈火的味全公司；林坤鐘的麩皮、飼料；陶子厚的麵粉、飼料；陳雲龍的鳳梨、味精等。

2、紡織業開始，後轉投資其他產業的有：吳舜文的台元紡織；鮑朝橒的中興紡織；石鳳翔的大秦紡織；翁明昌的華隆紡織等。

3、造紙業開始，再轉投資其他產業的有：何傳的永豐餘紙業；趙常恕的寶隆紙業等。

4、玻璃業開始，再轉投資其他產業與海外投資的有：陳尚文的新竹玻璃；林玉嘉的台灣玻璃等。

5、水泥業開始，再轉投資其他產業及海外投資的有：辜振甫的台灣水泥；張敏鈺的嘉新水泥等。

6、電器製品及電線業開始，再轉投資其他產業及海外投資的有：林挺生的大同電機製造公司；林茂榜的聲寶家電公司；孫法民的電線電纜公司等。

7、機車、汽車業開始，再轉投資其他產業的有：張國安與黃世惠的三陽機車、嚴慶齡的裕隆汽車等。

當年這些中小企業，多是在政府進口替代政策下，開始以內銷為主，逐漸發展壯大，不僅品質不斷改善，在尹先生推動的外貿改革，使新臺幣貶值到合適價位，以及「出口導向」政策的鼓勵下，競爭力大幅提升，致一九六〇年後，均成為出口產業。自一九六〇年出口一．六四億美元，至一九九〇年躍升為六百七十二．一億美元，平均每年出口增加率高達二二．二%，尤其在一九八五－八七年我國出口金額連續三年高居世界第十一位出口大國。

由於出口的大幅增加，帶動了經濟快速成長。不僅是一九六〇年推出的「經濟快速發展計畫大綱」，所訂定的一九六一－六四年平均每年經濟成長八%的目標，超額達成為九．八%。

甚至一九五二－一九九一年的四十年間，平均每年經濟成長率高達九．四%，創造了大量就業機會，自一九五二年就業人數二百九十四萬人，至一九九一年高達八百四十四萬人，增加一・九倍，平均每年就業增加二・七%，致使失業率自一九六〇年的四%，一九六八年降至二%以下，一九九一年仍祇一・五%，長期維持在充分就業階段。

也因此每人國民生產毛額（GNP），自一九五二年的八十七美元，至一九九一年遽升為九千一百二十五美元，平均每年增加一二・三%，進入中高所得國之林，一九八〇年代在亞洲四小龍中列為第一。

3、早期民營企業主對政府的支持輔導，多有感激之情

我國經濟在這四十年（一九五二—九一）間，能獲以上輝煌成就，除企業主的奮發努力外，政府採取正確政策的領導，其功不可沒。這四十年間經濟發展成就，可以說是第一代民間企業主與政府共同合作，努力的結果。因而第一代企業主對政府的輔導支持，感激之情不絕於耳。其中以台塑公司創辦人王永慶，最具代表性。

如一九五九年「八七水災」時，行政院為籌募救災重建基金決定發行「八七水災建設公債」。尹先生鑒於救災迫切，希望能早日籌得資金，特主動邀請工商界在外貿會集會

勸募。他於會議開始，即開宗明義的說「這次水災空前嚴重，政府一時無法籌措為數龐大的救災重建資金，決定發行建設公債。各位的事業如日中天，前途不可限量，大家本著同胞患難與共的精神，希望各位工商界領袖發起領導作用，踴躍認購……。」他陸續點名，「希望台塑至少應當購買公債兩百萬元。」

當尹先生說完話，台塑代表立即表示：「主任委員要我們起領導作用，我們承購一千萬元。」台塑這樣慷慨的表現，使得會場氣氛頓時熱烈起來，大家紛紛踴躍認購，成績斐然[39]。

工商界這樣表示，既是給尹主任委員面子，也是對尹主委及政府多年來對他們幫助與扶持的回報。

王永慶所創辦的台灣塑膠公司及南亞塑膠工業公司，都是在當時尹先生主持的工業委員會、經濟部及美援會全力支持及輔導下所創立的。王董事長事業成功，除他具有獨特的眼光、勤奮努力外，他的精打細算，也是他賺錢的主要關鍵。他於一九六五年在彰化創設第三家公司——台灣化纖時，為節省投資成本，不採統包（Turn-Key）（是一種專案類型，指賣方將所有設備安裝好完成試車生產，再交給買方），因其價格較高，而採取自行採購所有設備及零組件，自行安裝，投資成本可省很多。但結果裝設完成後，試車時卻無法順利生產，此事為當時經合會李國鼎副主委得知，派該會技術處處長化工專家沈覲泰率同中國石油公司工程師，赴彰化該廠檢查原因。

檢查結果，部分設備必須拆卸後重新裝置，花了一個多月時間才改裝完成生產。沈處長退休後赴美定居，第一次回台時，王永慶董事長請沈處長夫婦晚宴，亦請王作榮夫婦及筆者夫婦作陪。席間王董事長說，今天一早內人三娘去菜市場採購並親自掌廚，表示對貴賓沈夫婦之感激。沈覲泰說：「實在不敢當，我祇是在技術上幫點小忙，可是決策的李副主委卻要負很大責任；因我是公務員，離開職位一個多月，幫民間工廠做事，會遭人批評圖利他人，決策者要承擔風險。」這時王作榮說：「李先生完全是效法尹仲容先生發展民營工業的作風。」

此時，王董事長說：「台塑能有今天，完全是尹先生當年堅持ＰＶＣ塑膠工業必須民營，而且派員協助策劃一切建廠事宜，並代為申請美援貸款。所以沒有尹先生，就沒有今天的台塑，尹先生、李先生及沈先生，還有嚴演存先生，都是台塑的貴人與恩人。」雖然後來在蔣經國總統過世後，投資環境迅速惡化，他大加批評這是政府公信力不彰所導致。但他對早期政府對他公司的扶助與支持，確是「真心誠意」的感激。

還有第一代企業主的台南幫創辦人吳尊賢在他《人生七十》自傳中，有一段寫道

「我自己和家人承蒙上天的庇佑及受國家社會各方面的照顧，生活得相當的安樂，一點都無不滿。」他在李國鼎先生過世後，表示悼念說：「本人託天之福，在數十年的工商生涯中，一再得到國鼎先生的熱忱協助，事業推展順利，至今點滴在心頭。」

還有後起之秀的宏碁電腦公司創辦人施振榮，也在李國鼎先生過世後，感性的說：「宏碁與李資政非親非故，他對我們的勗勉與照顧，完全發自內心，不求回報，而李資政對於有志創業的廠商，都一視同仁盡力協助克服困難。因此，贏得業界由衷的敬佩，成為眾所肯定的高科技產業之父[40]。」

由上節所述，可知台灣早期政府在經濟發展過程中，扮演重要角色，不僅有明確的政策，且對民間企業充分照顧與支持，獲得民間企業的信任與感激。而今，誠如王永慶所批評的政府公信力不彰，投資環境惡化，政府對民間企業很少照顧，甚至成為企業向前發展的絆腳石，與早期財經當局的作法，完全南轅北轍，不可同日而語。

4、第一代企業主中的特殊人物——對國家貢獻卓著的辜振甫

前文所述辜振甫應政府徵召，出任公營的台灣水泥公司協理，負責該公司轉為民營工作。在尹先生擔任經濟部長的鼓勵及交代下，順利完成民營化，成為其他三家公營事

業，包括台灣紙業公司、台灣工礦公司及台灣農林公司移轉民營的示範，奠定了辜先生日後事業蓬勃發展的基礎。

台泥公司轉移民營後，辜先生當選常務董事及協理，後升任總經理及董事長。在他主持下，不僅台泥規模不斷擴展，也投資了電力、運輸及金融等等事業，成為跨產業、跨國的大企業集團。辜先生還協助政府策劃，於一九六二年二月成立「台灣證券交易所」，當選首任董事長，為台灣開創資本市場。一九六一年接任工商協進會理事長，為工商界服務，成為工商界與政府間溝通的橋梁。一九七六年投資成立台灣經濟研究所（後擴張改為研究院），聘請國際知名經濟學家蔣碩傑博士擔任所長，積極從事國內外經濟及產業的研究，提供政府、企業及學者參考，是國內第一家成立的經濟研究智庫。

一九八五年三月經濟部為了結合產、官、學界共同參與產業發展政策的釐訂，成立「產業發展諮詢委員會」，聘請辜先生擔任主任委員，至二〇〇一年卸任，凡十六年。同年五月行政院因經濟發展遇到瓶頸，特成立產、官、學三方面組成的「經濟革新委員會」，為期半年，聘請辜振甫擔任大會三方總召集人之產業界代表，並兼貿易組召集人。

至於參加國際事務方面，辜振甫可以說是我國近現代史上，以民間企業身分，直接參與各種國際事務最積極，曾三度代表李登輝總統參加「亞太地區經濟合作會議」

（APEC），貢獻最多的人。

一九九一年二月八日政府成立「財團法人海峽兩岸交流基金會（簡稱海基會），架起四十多年來跨越海峽兩岸隔絕鴻溝的第一座橋，辜振甫被推選為第一任董事長。十個月後的一九九一年十二月十六日，中國大陸成立「海峽兩岸關係協會（簡稱海協會）」，其會長為汪道涵，為海基會的對口單位，兩岸之間的溝通、往來的管道正式搭建起來，後才有「辜汪會談」，改善了兩岸關係。

可見辜振甫也是當年在尹先生鼓勵與支持下，完成公營的台灣水泥公司民營化，奠定了基礎，並獲得政府的信任，再加於他本人的才華出眾，不斷奮鬥努力，為國家作出重大貢獻。

尹先生在任公職期間，全力推動台灣工業發展，作出卓越貢獻。他不僅站在統籌全局的立場，作有利於工業發展的政策決定，而且還採取了許多直接鼓勵、扶持民營工業發展的措施，使民間投資者得到政府支持與合作，信心更增加，踴躍投資，成功機會也大增；而政府也經由這種方式達到加速工業發展目的。

二、成功原因的探討

尹先生是電機工程師出身，但在台灣經濟發展方面，卻能獲得如上所述輝煌成就，除他早年任職於民營的中國建設銀行公司，其後於一九四〇年春赴美國紐約出任資源委員會國外貿易事務所美國分所所長。不久後又兼軍用物資採購團器材組長，為期五年，其往來對象，甚至軍用物資都是民營事業所生產。因此，尹先生對美國民營事業之發展及現代化企業經營理念早有深刻之印象，對其後全力發展民營工業影響甚大，以及他個人的人格特質（詳見下文）外，還有許多其他原因。經我個人的研究，主要有下列各項：

（一）獲得國家領導人及長官之信任，充分授權

一九四九年生管會成立時，其主任委員由台灣省主席陳誠兼任，而陳誠與尹仲容素昧平生，想必是經人推薦（筆者認為尹先生摯友譚伯羽，係陳誠夫人弟弟，可能是他推介），任命其為生管會八位常務委員之一。陳兼主任委員鑒於尹先生有創見，能有效處

理各項事務，且有整體想法又勇於負責，不久即提升其為副主任委員，全權負責會務。生管會設立之初，原為負責戰後重建及管理公民營生產事業；尹先生接任副主任委員之後，認為重建與管好公民營事業有其必要，但不能解決當時面臨的經濟問題，而且為了未來長期經濟發展，必須從經濟的全面改造著手，而將生管會變成以全面經濟建設為對象的決策、設計及推動的機構，陳兼主任委員全力支持。一九五〇年三月陳誠出任行政院長，待一九五一年中信局局長出缺時，即命其接任中信局局長，以利生管會推動的計畫，可透過中信局有效執行。

一九五三年政府改組撤銷生管會，另在行政院成立經安會及其下屬工業委員會，行政院陳誠院長任命尹先生為經安會委員及工業委員會召集人，仍兼中信局局長。在尹先生主持的工業委員會生氣勃勃，一九五四年行政院改組俞鴻鈞接任院長，任命尹先生為政務委員兼經濟部長，正式成為內閣閣員。內閣閣員須由老蔣總統任命，仍兼工業委員會召集人及中信局局長，身兼三職，可見執政當局對尹先生之器重。

尹先生在揚子案訴訟期間，老蔣總統曾兩度召見尹先生，第一次老蔣總統安慰他，靜候法律調查；第二次垂詢案情及生活情形，老蔣總統並安慰他：「在上帝面前，我們有信心[41]。」

陳誠副總統了解尹先生的清白，辭職後沒有收入，除曾請人送錢給尹，他收下了（其他人包括尹夫人的姊夫幫助他，都被他拒絕），而且請陳夫人親往探詢慰問。國家兩位領導人，對一位因案涉訟辭職的官員，如此的關心及安慰，應是過去從未有的，想必未來也不會有。

由此可見國家領導人，對尹先生如此的高度信任，在案情大白後復出，更加重用，尹先生也知恩圖報，以至於勞累至死。

尹先生天賦英才，又好勤讀，書不離手，博覽群書，且有一目十行，過目不忘之能力。但他性格剛直，言詞坦率，常在會議中或聽到有人發言不當或提出分外要求，他會嚴加批評，給人有咄咄逼人的感受，因此，也得罪不少人。

他復出後，身兼美援會副主委、外貿會主委、臺灣銀行董事長，主管經濟發展、美援、外匯與金融，權力之大，人稱「經濟沙皇」，稍有閃失，將會給國家造成鉅大損失，令人擔憂。但陳誠對其信任有加，甚至尹先生有時在言語上，對陳也偶有頂撞，而同樣性格剛直的陳副總統也能忍受。陳說：「尹爭辯的都是為國家為民謀利，我不但不會不高興，還會支持他。」

我記得，在「加速經濟發展計畫大綱」及「十九點財經改革措施方案」，經行政院院會通過核定後不久的一九六〇年四月三十日，陳誠院長特召集中央及地方首長及有關官員舉行談話會。會談開始陳院長以「改善投資環境與加速經濟發展」為題，發表長篇講話。首先說明我們為什麼要加速經濟發展的原因，然後提到「改善投資環境」對加速經濟發展的重要。而且指出在政府間有人誤以為「改善投資環境」加速經濟發展，祇是財經部門的工作，與其他部門關係較少。他舉出好幾個案例，說明在謀求加速經濟發展過程中，所牽涉的部門實在不祇財經單位，而是需要所有政府部門通力協調共同努力，方能克服困難，達成加速發展的目的。

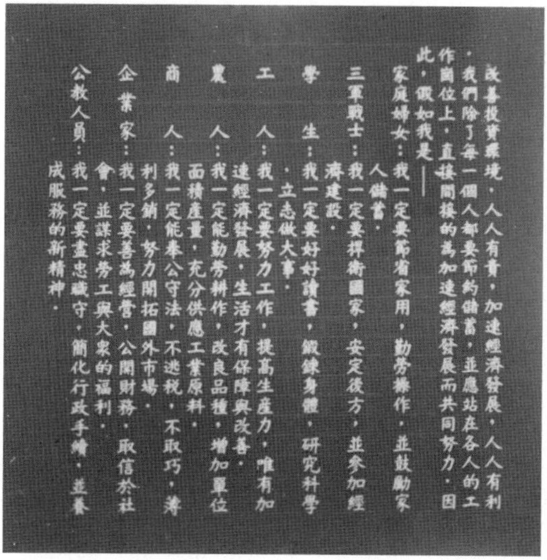

加速經濟發展展覽會內的陳列。（圖片來源：國史館）

最後，陳院長談話結論說：以上所講的這些事情，便可知道我們的觀念與社會環境，是不利於投資，而以往流傳的一種風氣，所謂「多做多錯，少做少錯，不做不錯」的觀念，更是我們講求進步的阻礙，如果仍然照樣下去，連維持現狀亦恐不易，哪裡還能談到加速經濟發展，更談不到經濟自立了。

所以，他再度強調，我們必須要適應當前的環境與需要，摒除以往的積習，建立新觀念，要以「多做不錯，不做大錯」的精神，來全力改善與革新，這是關係經濟前途，乃至國家整體前途的事，我們必須要貫徹到底。

他今天再一次召集大家談話的目的，就是希望大家對這一方面的更加了解，清楚認識加速經濟發展的重要性，和改善投資環境的必要，要大家放棄抱殘守缺、固執個人的立場和過去的觀念，在經濟的全面建設過程中，成為推進的力量，不要成為一個阻礙發展經濟建設的因素㊷。

當時尹仲容等財經首長均在座，他們聽陳院長這席話後，有什麼想法我不知道。不過當時我聽到陳院長講話，不僅感動，而且聽他的講話，就想到尹先生過去所說、所做的相連接起來。事後我把它整理歸納起來，有兩大特點：

1、尹先生過去在演講和文章中，一再強調一個國家要從落後的經濟，進步成為現代化國家，不是單純的經濟改革就能成功的，必須要有一整套全面性的改革，才能達成。而陳院長這席話，就是將尹先生的主張，用更通俗的語言，對在場的官員，更清晰的說出來，而且加重他們的責任，使尹先生的主張更能落實執行。

2、尹先生早在生管會時代，一九五〇年起即再三強調絕對不可存有「多做多錯、少做少錯、不做不錯」的心理，應該抱有「多做事不怕錯的勇氣，只要不是存心做錯」列為他的座右銘。沒想到十年後的一九六〇年，陳院長拿來告誡所有官員，我們要建立新觀念「多做不錯，不做大錯」的精神，來全面改善革新，而且加重語氣說，這是關係經濟前途，乃至國家整體前途的事，我們必須要貫徹到底。

僅從以上兩點，就可看出陳誠院長對尹仲容的看法、主張、所做工作，不僅有所了解，而且早已深入他的腦海中，隨時隨地支持尹先生的主張能夠貫徹執行。所以我說，沒有陳誠副總統兼院長的信任與大力支持，尹仲容不可能完成上述許多豐功偉業。

（二）同僚的充分配合與共同努力

一九五八年三月行政院部分改組，除尹仲容出任外貿會主任委員外，同時財經兩部部長也更換；由嚴家淦接替徐柏園任財政部長，楊繼曾接替江杓任經濟部長。當時外貿會改組是因陳誠副總統兼任外貿改革小組召集人，他決定採用改革派尹仲容的建議，因主張漸進式改革的外貿會主委徐柏園無法執行而改組，由尹仲容接任；那為什麼財經兩部長也跟著換人呢？

當時工業委員會同仁相當關心尹先生所提出的大幅改革外匯貿易方案能否貫徹執行，幾位同仁彼此討論。當時王作榮接受美援技術協助，赴美國范登堡大學研究經濟發展，不在國內。我就先提出看法，由於原任財政部長徐柏園及經濟部長江杓都是保守派大將，陳誠副總統擔心他倆無法配合尹仲容的大幅改革，而要換人做。另方面，據我了解，一九四九年初即傳聞陳誠將接替魏道明任台灣省主席，魏主席曾對陳誠說：「台灣省廳處長中有兩位傑出人才，你可留任，將來對你會有很大幫助」，其中一位就是財政廳長嚴家淦。

陳誠於一九四九年一月接台灣省主席，嚴家淦繼續留任財政廳長，當時正值物價高漲，其中受大陸惡性通貨膨脹影響甚大。於是嚴家淦廳長兼臺灣銀行董事長為穩定物價，建議陳主席改革幣制，廢舊臺幣發行新臺幣，且要與大陸金元券脫鉤，已如前文所述。此一重大改革相當成功，物價漸漸穩定，因此獲得陳誠信任。當陳誠於一九五〇年三月出任行政院院長時，嚴家淦剛上任經濟部長一個半月，即將其調任財政部長。一九五三年生管會撤銷，行政院另成立經安會，嚴部長兼該會委員及第二、三組召集人。同時，尹仲容在生管會結束後，出任經安會委員及工業委員會召集人，在經安會嚴、尹兩位不僅是同事，而嚴先生擔任經安會第二組召集人，正是主管美援及相對基金的應用，對尹先生主持的工業發展，需要美援與相對基金的配合都大力支持，兩人可說合作無間。

至於，新任經濟部部長楊繼曾，在大陸時曾任兵工署長，是陳誠的老部下，在嚴家淦擔任經濟部部長時，為政務次長，亦是長官部屬的關係。當嚴調任財政部長時，楊亦辭去經濟部政務次長之職，而出任台糖公司董事長兼總經理，當時我正在台糖工作，楊成為我的長官。他在生管會尹副主任委員全力支持下，在公司大事改革，同仁士氣大振，效率亦大為提高，成為當年公營事業中最有效率的公營事業。

我這樣詳細敘述這一段過程，是在說明他們三人（尹、嚴、楊），不僅是舊識，而且是有過合作的經驗。所以我認為，這次行政院改組，他們三人再度合作，而且在陳誠院長大力支持下，外貿改革一定會成功，其他同仁也都同意我的看法。

在當年陳誠主持行政院兼美援會主委的五年間（一九五八—六三），除在行政院主持正式會議外，遇有重大財經決策問題，陳院長會在事先召集有關財經部會首長，於晚間在其官邸召開會議討論，可增加其對議題的了解，以便在正式會議中裁決。另一是經安會撤銷，美援會改組擴大其組織與任務，尹仲容任副主任委員，財政部長嚴家淦與經濟部長楊繼曾都兼任美援會委員，以及美援會祕書長李國鼎，他們每週六中午都會抽出時間，在美援會南京東路招待所（後改建為大樓，即中國農民銀行現址）聚會。就當前經濟問題及未來發展交換意見及討論，王作榮與我有時會應召列席備詢。他們在會議中提出議題，發表意見最多的人，通常是尹先生，但他的看法有時並非為嚴、楊二位首長全部接受，彼此提出不同看法相互討論，甚至爭得面紅耳赤，不過在討論協商後，尤以嚴先生發揮協調的功力，總能化解爭議，達成協議，之後大家都會遵照達成的協議辦理，決不後悔，不會事後採取小動作抵制。

我記得當時社會上曾流傳，陳誠第二度接任行政院長後（第一度擔任行政院長是一九五〇年三月至一九五四年六月，第二度是一九五八年七月至一九六三年十二月）對嚴家淦、尹仲容、楊繼曾三位財經首長說：「我是軍人出身，過去對經濟完全沒有接觸，雖已任過四年多的行政院長，但經濟的變化太大，我難能把握。今後祇要你們三位共同提出的主張和建議，我都會全力支持。」這一說法，不僅說明陳院長對他們三人的信任，也課他們三人以重責大任，他們也未辜負陳院長的期望。

在他們三人合作之下，重要的決策，如「外貿改革方案」、「加速經濟發展計畫大綱」、「十九點財經改革措施方案」及「獎勵投資條例」等，雖都是尹仲容主持的外貿會及美援會所提出，但要財經兩部配合才能有效執行。除此之外，還有許多重大建設，如出口工業的發展、基本設施建設，以及面臨各種經濟問題，在他們三位首長合作之下，也都能一一完成任務。尤其許多重大財經提案，要報美援會陳兼主任委員主持的委員會議通過，甚至重要具有政策性的議案，還要再呈報行政院院會通過核定實施，幾乎都百分之百的通過，並能有效執行。獲得如此成就，當時美援會被稱為「財經小內閣」。

其實，尹、嚴、楊三位先生的性格完全不同，尹先生是鋒芒畢露，有理必爭，絕不妥協；不過對方如能提出更高明的理由，他也會接受；嚴先生內斂謙和，他有「退一步想、易地而處」的八字箴言，他常說與人相處，要能設身處地為別人著想，就會化干戈為玉帛，化戾氣為祥和了。因此，他還具有調和鼎鼐的特異功能[43]，他常說我的調和不是妥協，而是讓正確的觀念、主張或政策能順利通過，且能有效執行，就很值得了。而楊先生則是精幹沉穩，辦事講效率，雖常有主見，但有更好的想法，他也不堅持。因此，他們三人合作，可說是絕配，被社會稱為「財經鐵三角」。

（三）有一組堅強的幕僚團隊，凡事都能謀定而後動

在政府部會首長中，尹仲容先生是話最多、意見多、主張也多的財經首長。不少人認為他的意見或主張，常是臨時起意，不夠成熟，有的建議也是閉門造車。但實際上，

這些都是錯誤評論，據我追隨尹先生十年半，親身經歷他做決策的過程，在會場上發言，臨時起意不可免。但政策、重要計畫的提出，事先都有充分準備、詳細研究，並經徵詢各方意見，反覆討論，認為可行才提出來的。

其實早期在生管會時代，沒有專業的幕僚人員，尹先生設置的許多專案小組，邀請會外的專家、學者及企業負責人，深入的探討，作出初步結論，再提至小組會中熱烈討論，達成共識，修訂原案，才正式提出。

到工業委員會時代，有一群專業幕僚團隊，決策過程更是嚴謹。以工業政策決定為例，工業委員會的成立，是要編擬未來四年工業計畫，尹召集人在一次晨會中說，研擬計畫之前應先研擬工業發展政策，交代幾點原則後，指示財經組研擬初稿，經大家討論後，再報給他。於是財經組長潘鋕甲，先請該組專門委員王作榮擬就初稿，經過內部各組負責人討論，修正後簽報尹召集人。尹召集人指示先送各報刊登，徵求各方意見後再作決定。於是分送各報於一九五三年十二月三十日及三十一日刊出，尹仲容署名的〈台灣工業政策試擬〉。題目用「試擬」兩字，就是告訴讀者，這套工業政策並未定案，現在公布出來，是徵求各方高見，希望此政策更加完善。該文發表後各方反應不是很熱烈，但是工業委員會內部還是不斷地在檢討，而於三個半月後的一九五四年四月十八日，在中央日報刊出以尹先生署名的〈台灣工業發展之逆流〉，該文是工業委員會檢討認為阻礙工業發展的問題，把它公布出來，呼籲大家共同努力，解除這些不利因素，使工業能夠順利快速發展。

就以此例顯示，尹先生是以溝通嘗試的方式，尋求更適當的政策，也就是英文所謂的Trial & Error，不僅合乎科學，也符合民主精神。

另再就編擬投資工業計畫的方式而言，在工業發展政策的大原則下，工業委員會的一般工業組、化工組及交通運輸組，分別就其主管範圍內，今後四年要提出的計畫，先就各產業的主要產品，調查其近年的供需狀況、進口數額、技術情況、未來市場潛力，再估計未來四年生產目標、投資需要及機器設備及原材料進口的需要，以及出口的可能性。完成初稿後，先送請相關企業負責人、專家學者徵求意見，討論修訂後，再交由財經組作財務分析及經濟分析，認為可行，其中投資需要美援計畫型貸款及相對基金支持的，要向美援當局申請。經美援當局的顧問懷特公司做技術審查，通過後美國駐華安全分署才確定是否同意支持。

在一切過程完成後，各組才將所有個別計畫送交財經組整理彙編，完成今後四年工業部門計畫初稿，再會同各組簽報尹召集人，如有問題，再提晨會討論，定案後才正式提報工業委員會會議，討論通過再報經安會，轉行政院核准定案。

由以上兩例顯示，政策及計畫編擬過程相當嚴謹，是經過各方不斷的討論才定案，絕非少部分人士所說的，臨時起意或閉門造車。尹先生真正做到了「謀定而後動」。

工業委員會在尹仲容主持之下，不僅完成了今後四年工業部門計畫，而且推動了二十多項工業及交通運輸工程，以及美援會時代推動的各項重要改革。尹先生之所以能承擔如此重任，除他個人的聰明才智、勇於擔當責任外，他還擁有一群優秀的專業幕僚團隊。所謂幕僚團隊是指一群專業人員，包括各種工程技術人員、物理、化學專家，經濟、財務分析人員，以及優秀的行政人員。他們的意見也會影響尹先生的理念，尹先生雖然性情較急，但重要的報告他一定會細心閱讀，也有聽取幕僚報告的雅量，最後作出重要的建議或方案。

尹先生在工業委員會最初任用的二十多位人員中，後來大多數與他一起進入改組後的美援會，同樣表現優異。直到尹先生離世後，這群人員，有的留在美援會及其後的經合會、經設會、經建會，也有許多離開美援會到其他財經單位擔任主持人，他們都能帶動其他同仁奮發努力，加強推動國家建設，作出重大貢獻。以下所列各位同仁的成就，可以證實尹先生在工業委員會時，所任用的都是專業人才。在尹先生領導下，充分發揮他們的專長，即使尹先生離開後，在其工作崗位上，也都能效法尹先生積極為國家社會解決問題，推動經濟發展，為國為民謀利的「尹仲容作風」。

1、李國鼎與王作榮，是其中最傑出的兩位

（1）李國鼎，英物理學碩士。在尹先生擔任工業委員會召集人時，他是委員兼一般工業組組長。在尹先生任美援會副主委時擔任祕書長，尹先生去世後，美援會改組為經合會時升任副主任委員，等於尹仲容的接班人。後又先後出任經濟部長、財政部長、行政院政務委員兼任行政院應用科技研究發展小組（簡稱應用科技小組）召集人。他從政最後三十年，一直居於臺灣經濟發展的決策核心，歷年來政府推動經濟發展的許多重要改革、策略、政策、措施，即使不是他所作的決策，也是他的建議，甚至由他自己推動，都為國家經濟發展而努力。

李先生在擔任經濟部長時，設置「加工出口區」全力推動出口工業發展，奠定對外貿易由入超轉為出超的基礎，創造大量就業機會，以及改造國營企業。在財政部長任內，建立「集中收付制度」，推動租稅及金融改革，尤其成立稽核小組堵絕了企業作假帳的機會，也防止官商勾結的弊病。

李先生最後擔任行政院政務委員兼應用科技小組召集人的十二年間，與孫運璿院長共同研擬「科學技術發展方案」，於一九七九年五月經行政院院會核准實施，積極推動八項重點科技及產業發展，包括能源、材料、資訊（含電子、積體電路）、自動化、光電、生物科技、B型肝炎防治及食品加工等。這八大產業，到現在都是重點發展的產業。其中尤其台積電是李先生全力促成，現在已成為全球最高端技術領先的產業；台積電董事長張忠謀說：「沒有李國鼎，就沒有今日的台積電」，台積電已為當今台灣經濟撐起半邊天，成為台灣的「護國神山」。

為迎接資訊化時代來臨，促進各個階層各單位業務（尤其政府部門）電腦化，以及推動資訊工業發展，拓展國際貿易，推動大眾教育，了解電腦應用，李先生於一九七九年主導成立「財團法人資訊工業策進會」，對臺灣資訊工業發展及電腦應用的普及化，有極大貢獻。

李先生從政四十年來，除努力推動經濟發展外，也因他關心人民的健康，推動兩項對人民健康關係極重要的工作；他會同衛生署防治B型肝炎及各鄉鎮地區建立群體醫療中心，前者使B型肝炎現在幾已絕跡，後者則為一九九五年連戰任行政院長時，推動「全民健康保險」奠定基礎。

李先生常常說，他一生都在「圖利他人」。他被社會大眾稱為「台灣經濟的領航者」，產業界尊稱他為「科技教父」，真是實至名歸。李先生這些作為充分發揮「尹仲容精神」。

（2）王作榮，留美經濟學碩士。在尹先生主持工業委員會時，王先生為財經組專門委員；在尹先生任美援會副主委期間，擔任參事兼「經濟研究中心」主任，職位雖不高，但他是尹副主委的主要文膽（是我的直屬主管），尹副主委的許多重要演講稿及文章，多出自王先生之手，以及前述一九五九年尹副主委主導的「加速經濟發展計畫大綱」時的「十九點財經改革措施方案」，即係王先生所擬，而且成為政府重要經濟全面性改革方案，對未來建設現代化國家，做出了極大貢獻。

尹副主委過世後，美援會改組為經合會，王先生出任第三處處長，主編第四期經濟建設四年計畫，利用計量模型作為設計基礎，與國際同步。

王先生於一九六七年應聯合國亞洲暨遠東經濟委員會之聘，出任該會的工業研究組長，三年期滿後的一九七〇年，奉行政院副院長兼經合會主任委員蔣經國之命返國，擔任經合會顧問，並在臺大及文化大學任教，文大經濟研究所兼所長，同時繼續兼任中國時報主筆。

當年王先生所寫社論及文章，多為傳輸經濟新知、新觀念，也三不五時批評執政當局之施政，鞭辟入裡，甚受社會歡迎。有時他的文章在報章發表後，大家爭相取閱，頗有「洛陽紙貴」之盛況。當時甚至有人認為王作榮的文章，用「筆力千軍、萬軍」都無法形容，他的一枝筆勝過十萬大軍，可見他的文章影響力之大。

後來，在李登輝主政時代的一九九〇年，出任考選部部長，一九九六年轉任監察院長，一九九九年任期屆滿退休。此兩職務，雖非他的原有專長，但在任期內，他在該兩機關推動許多應興應革事項，建立新制度，使該兩機構作業走向正軌，作出了相當貢獻。王先生這些作為也充分發揮尹先生推動改革的精神。

2、出任部會首長的有：

（1）費驊，留美土木工程碩士。在尹先生主持工業委員會時，他是委員兼交通運輸組組長，美援會時，任第二處處長，後升任交通部次長。蔣經國兼任經合會主委時，調費先生出任經合會副主任委員兼祕書長，負實際責任。蔣經國出升行政院長時，調費先生出任行政院祕書長，可見蔣院長對費先生之器重，後再出任財政部長及政務委員，不幸因車禍身亡。

值得一提的是積體電路、半導體產業，已成為台灣今日的「護國神山」，費驊在其間扮演重要角色。一九七四年石油危機爆發後，當時行政院長蔣經國認為他推動的「十大建設」中的三項重化工業都是能源密集產業，為了未來長期經濟發展必須要改弦易轍。於是他指示行政院祕書長費驊會同有關部會研究未來產業發展如何做重大突破。

費驊接奉指示後，研究能降低能源密集度的產業，就是高科技產業了，放眼國內當時真的沒有這方面的專家可供諮詢。於是他想到在美國無線電公司（RCA）擔任研究部主任的潘文淵老同學，對當前世界高科技產業應有所了解，遂電請其來台提供建言。潘博士來台考察台灣重要工業發展後，認為當時蓬勃發展的電子計算機、電子手錶等都是進口零組件裝備而成，毫無技術可言。他建議「積體電路（IC）」是可以發展的高科技產業，IC是所有電子產業的核心，IC產業建立後，可支持所有電子工業發展。費驊認為此一建議可行，遂邀請經濟部長孫運璿、交通部長高玉樹等聚會，聽取潘博士的建議，經大家討論後，接受潘博士建議。孫運璿部長特請潘博士研擬「發展IC產業計畫書」，供政府研究推動IC產業之依據。

潘博士提出「積體電路（IC）計畫書」後，經大家研討認為可行。潘博士為協助國家發展積體電路工業，自動提前自RCA退休，並說：「我一生受國家教育，但沒有一天為國家服務，現在是一個很好的機會。」聞之令人感佩。於是孫部長要求潘博士退休後，每年至少在台灣住半年以上，協助工研院推動「積體電路（ＩＣ）」研究發展。在各方努力下「積體電路（ＩＣ）」研究及產業發展隨即展開，才有後來的「聯電」、「台積電」公司的成立，以及上下游的設計、測試、封裝及有關電子公司的成立，現在台灣是全世界半導體工業上下游產業體系最完整的地區。

張忠謀說：「沒有李國鼎，就沒有今天的台積電」，因此，我更要強調，沒有蔣經國、費驊、潘文淵與孫運璿，就沒有「積體電路」，更不會有今天「護國神山」的台積電了。

更重要的是，五十年前蔣經國院長要改革工業，他不指示主管工業的經濟部長，而指示行政院祕書長費驊，才找到潘文淵發展ＩＣ；如蔣院長真的指示經濟部長孫運璿，就不會找潘文淵，也不會發展ＩＣ產業了。我認為這是「天意」，「天佑中華民國」也。

（2）張繼正，留美土木工程博士。在工業委員會時，他在祕書室任專門委員，美援會時任祕書處長，尹先生主持外貿改革時，他擔任尹先生的特別助理。美援會改組經合會，李國鼎自祕書長升任副主任委員時，張繼正接任祕書長。一九六五年李國鼎出任經濟部長時，張繼正出任經濟部常務次長，後升任交通部長、經設會主任委員，再轉任行政院祕書長、財政部長、中央銀行總裁，財經歷練最為完整。

（3）錢純，留美經濟學碩士。在工業委員會時，他在財經組任專員，美援會時在祕書處任專員，旋即出任中華開發信託公司經濟研究處長、中國銀行經濟研究處長，後轉任中央銀行副總裁、財政部長、行政院祕書長。

（4）王昭明，畢業於東吳大學法律系。在工業委員會時任祕書，美援會時繼續任祕書。李國鼎出任經濟部長時任主任祕書，李國鼎轉任財政部長時，他也跟著轉任財政部主任祕書，後升為常務次長。趙耀東接任經濟部長時，他任經濟部政務次長，趙耀東轉任經建會主任委員時，他也到經建會任副主任委員，後出任台電董事長。當李煥出任行政院長時，請王昭明擔任行政院祕書長；郝柏村接任行政院長，續請王任政務委員兼祕書長；在連戰任行政院長時，王專任政務委員，可見三位院長對他的器重。

3、出任部會副首長或公營機構首長的有：

（1）潘鋕甲，留美會計學碩士。在工業委員會時任委員兼財經組長，是帶引我進入工業委員會的長官。美援會時出任第四處（管財務）處長。不久中華開發信託公司成立後，轉任該公司副總經理，再出任交通銀行總經理，退休後赴美定居。

（2）韋永寧，留美機械工程碩士。在工業委員會時，任一般工業組專門委員，美援會時任第一處（管技術）副處長。一九七〇年經濟部成立工業局，韋出任首任工業局局長，後升任經濟部常務次長到退休。

（3）吳梅邨，畢業於武漢大學電機工程學系。在工業委員會時任一般工業組專員，美援會時任投資小組執行祕書，經合會時任投資業務處長，後出任高雄加工出口區管理處處長，再升任經濟部常務次長，後因病卒於任內。

（4）崔祖侃，美化工碩士。在工業委員會時任一般工業組專門委員，美援會時任祕書處專門委員，經合會時任第三處副處長、處長、副祕書長；經設會時任祕書長；經建會時任祕書長，後升為副主任委員。

（5）葉萬安，畢業於國立上海商學院銀行學系。在工業委員會時任財經組專員，美援會任資料室專員，經濟研究中心成立後任專門委員，經合會時任第三處專門委員、副處長，第三處改為綜合計畫處時升任處長，經設會時轉經濟研究處處長，經建會時仍任經濟研究處處長。一九八四年經建會主任委員俞國華出任行政院長後，葉萬安自處長直接升為副主任委員。過去經建會及其前身，副主任委員多是外部空降，內部升任的只有兩位，一是李國鼎自工業委員會的委員兼組長到美援會升為祕書長，經合會時再升副主委，另一位是崔祖侃，可是他是從處長升副祕書長、祕書長，才升任副主任委員。而葉萬安從處長躍升為副主任委員，是過去沒有的先例，這應是俞院長的特別提攜。

以上工業委員會的許多同仁，他們在各自的崗位上奮發努力，帶動各單位同仁推動經濟發展，為國為民謀利，也都充分發揮了「尹仲容的精神」。

此外，工業委員會同仁，在工業委員會時及結束後，赴國外服務的有：

（1）嚴演存，德柏林大學化工學系畢業，獲德國國家特許工程師。在工業委員會時任委員兼化工組長，推動了許多化工產業發展，最著名ＰＶＣ塑膠工業，就是他一手促成的。他後來到美國史丹佛大學任教，再任史丹佛研究所資深研究員，期間多次回台接受政府聘為顧問，對台灣化學工業發展，提供許多建議，也常赴大陸對大陸化學工業發展提出建言。

（2）朱健，留美化學博士。在工業委員會時任化工組專門委員，後應聯合國總部之邀，赴紐約到聯合國任職。

（3）蔣君實，工業委員會時任化工組專門委員，美援會時任第一處技正，後應聘到美國大學任教，再應聘轉往聯合國服務。

由以上各員離開工業委員會後的發展過程，可以看出，尹先生主持工業委員會所任用的同仁，不僅是專業人士，而且多是優秀、熱愛國家的經濟建設專才。

尹仲容出任美援會副主委，也延攬不少專業人士，其中陶聲洋與孫震最為傑出。

（1）陶聲洋，德國柏林工業大學畢業，獲任德國國家工程師，來台後曾任台灣省立工學院（國立成功大學前身）教授。後轉任美國駐華安全分署主任視察，一九五八年美援會改組，安全分署曾將其稽核小組轉移到美援會，陶聲洋遂轉入美援會第四處任稽核組長，由於工作努力，升任第四處副處長兼投資小組執行祕書。一九六三年美援會改組經合會，陶升任助理祕書長、副祕書長、祕書長。一九六九年行政院改組，陶聲洋升任行政院政務委員兼經濟部長。不幸的是，剛上任兩個月，即因胃病復發嚴重，政府急送其赴美就醫，檢查結果係大腸癌，手術無效，病逝美國。

（2）孫震，國立臺灣大學經濟學碩士，美國奧克拉荷馬經濟學博士。在其獲得碩士後，於一九六一年初被延攬到美援會經濟研究中心任薦任處員，旋即升為專員，負責經濟研究及副主委及祕書長撰擬文章及演講稿。一九六三年美援會改為經合會，孫震隨同轉入經合會第三處任專員，一年後的一九六四年七月辭職，赴臺大任講師。不久後即赴美深造，獲博士學位後返回母校任教職。一九七三年經合會改組為經設會，奉行政院長蔣經國徵召任經設會及後來改組的經建會副主任委員。至一九八四年出任國立臺灣大學校長，六年後又出任國防部長、政務委員。在公職退休後，又先後或同時擔任工研院董事長、中國經濟學會理事長、中華民國群我倫理促進會理事長、中華企業倫理教育協進會理事長及中華教育文化基金會董事長等。孫先生以經濟學家身分，這樣多采多姿，轉折得出人意表之經歷，可能是空前絕後。而他在每一個職涯上，都兢兢業業，盡心盡力，對國家作出卓越貢獻。

更了不起的是，他在任務繁重中，還能著作等身，早期著作以經濟方面為主，二○○○年以來，從企業倫理轉入儒家領域。在儒學領域中共寫了七本書，他寫的七本書與許多哲學家、文學家所寫的儒家思想完全不同。他以深厚的經濟學基礎，闡釋儒家思想，深入淺出，舉例且與生活和當前許多活動有關，使讀者很輕易的了解儒家價值的真意所在。

尤其最近所寫的《孔子新傳：尋找世界發展的新模式》及《等閒識得東風面：當亞當・史密斯遇見孔子》兩書，他認為儒家思想與近代西方思想，並不衝突，可以互相切磋，尋覓解決當前世界問題之道，並引領世界，永續發展。孫先生這種宏寬思維，不亞於尹先生。

我記得當年陶聲洋在一次會議上說，在尹仲容先生主持下的單位工作，磨練四、五年所獲得的成就，遠在大學念博士之上。我完全同意他的看法。

（四）美援及其有效利用，對台灣經濟作出卓越貢獻

台灣光復初期經濟最困難時，美國伸出援手對我經濟援助，如同及時雨，化解了許多問題。尹仲容在接任生管會不久美援到達，他即運用美援加速戰後重建工作。待其主持工業委員會、經濟部及美援會時，更將美援應用配合我政府經濟發展政策，加以有效利用，加速我經濟發展，同時也擴大了美援運用的效果。不像許多開發中國家，雖亦接受了美援，可是未能有效利用，甚至美援進入官員私囊，因此多數效果不彰。

尹先生曾於一九五九年二月二十七日在行政院新聞局記者座談會上報告「美援運用之檢討」，他即指出：「美援運用之得失，關係經濟前途至鉅。至於美援運用是否能與我國經濟發展目標與政策，相互配合，應為應用美援能否成功之關鍵所在。」……「就事論事，過去美援之運用，頗能切合我方之需要。」因此，「美援在我國經濟穩定與發展過程中，所占地位至為重要，貢獻亦大。」

僅就美國對我經濟援助而言，一九五一－六五年的十五年間，援助我近十五億美元，占同時ＧＤＰ的五．四％。想想看，台灣每年除自己增產，還額外的自境外送來相當於五．四％的ＧＤＰ資源，而且是連續十五年，即使現在十五億美元，也是一筆不小

表九、美援對我經濟貢獻

單位：%

	1951-65年	1951-60年
美援占GDP比例	5.4	6.0
美援占投資比例	25.7	40.7
美援占總進口比例	29.6	40.0

資料來源：經合會《Taiwan Statistical Data Book 1970》
第15、25、132、143頁。

的金額，何況五十、六十年前更是一筆大數字。

台灣在早期所得低，儲蓄少，但要建設要發展，而投資財源極端缺乏，幸好美國經援適時而至。就一九五一—六五年的十五年間，台灣投資依賴美援支持的比率高達二五・七%，若是當時沒有美援，我們的投資就要減少四分之一，可見其影響有多大。

另方面，當年我們的對外貿易是進口多出口少，每年都是入超。台灣資源貧乏，不僅重要原材料、機器設備靠進口，甚至糧食也是供不應求，要靠進口補充。幸美援物資的即時到達，美援進口的物資金額占總進口的比率高達二九・六%，不僅供應了我們的需要，也穩定了我們的物價。由於美援的有效運用，使我們能在經濟快速成長時，尚能維持物價的穩定，美援實是重要功臣之一。

以上是就接受美援的整個十五年而言，但我們接受的美援，是集中在前十年（一九五一—六〇），後五年（一九六一—

六五）不僅援助相對減少，而且改以貸款為主。如就前十年而言，美援占GDP的比例高達六％，美援占投資及總進口的比例均高達四〇％，如表九所示。顯然前十年美援的大量援助，使我們度過最艱難時期，也奠定了堅實基礎，有利於以後的發展。

美援物資的提供除對經濟的直接貢獻外，美援物資出售後所收到的新臺幣，及計畫性貸款還款時所收到的新臺幣，均作為「中美相對基金」，供我政府使用。基金在未利用之前存入臺灣銀行「中美相對基金存款專戶」。該專戶存款每年增加的金額，在一九五一—六五年間，平均每年占貨幣供給額增加額的三八・九％，尤其前十年（一九五一—六〇年）更高達四八・二％，可見其對收縮通貨、穩定物價作用之大。

而且中美相對基金的運用，也支助政府財政，降低政府財政赤字，對減緩通貨膨脹壓力，也是一大貢獻。

美國經援除提供物資及貸款外，還有技術協助，分兩方面進行，一是我政府選派技術優秀人員赴美國實習或接受訓練；另方面是邀請美國專家來台指導或訓練我方人員，此等援助對我產業生產力提升及經營現代化，有很大幫助。

此外，美國駐華援助機構的官員和專家與我政府官員間的交流，不僅傳播新知識，也有具體政策的建議。如早期美援當局要支持民營企業發展，郝樂遜署長的八點改革建

表十、我國出口增加率與全球進口增加率比較

時間	全球進口額（億美元）	台灣出口額（億美元）	台灣出口額占全球進口額比例％
1960	1,258	1.64	0.13
1980	19,464	198.10	1.02
1961-80年平均每年增加率％	14.7	27.1	1.84倍

資料來源：1. 經建會《Taiwan Statistical Data Book 1986》第202頁。
2. IMF：《International Financial Statistical Yearbook 1990》，第124-125頁。

言等，雖與我政府政策不謀而合，但也提高我政府推動改革及施行新政的信心與強度，有利於國家邁向現代化發展[44]。

（五）國際經濟情勢的轉變，掌握國際貿易自由化契機

尹先生一九五八年推動的外匯貿易大幅改革，一九六〇年新臺幣兌美元貶值至四十元比一的適當價位後，有利於出口，加以政府積極輔導及民營企業奮發努力，出口競爭力大幅提升。不久後又正逢歐美國家積極推動國際貿易自由化。尹先生大力輔導的中小企業，自早期進口替代以內銷為主，迅速轉型為出口導向，適時把握了此有利契機，積極推動出口，因而出口大增。

表十一　1960及1980年台灣主要產品出口金額

時間	出口總額	糖、米	其他主要出口產品					
			紡織品	化學製品①	木製品	金屬及其製品	機械及電器	合計
1、金額（百萬元）								
1960年	164	77.2	23.2	9.4	2.7	6.6	2.6	44.5
1980年	19,811	288.2	4,480	1,905	1,185	1,259	4,344	13,173
2、各產品出口占總出口百分比（ %）								
1960年	100	47.1	14.1	5.7	1.6	4.0	1.6	27.0
1980年	100	1.5	22.6	9.6	6.0	6.4	21.9	66.5
3、平均每年增加率（ %）								
1960年 1980年	27.1	6.8	30.1	47.1	35.5	46.0	45.8	32.9

註：①包括化學品，塑膠、橡膠及玻璃。
資料來源：同表10之1，第222-223頁。

以全球進口金額而言，自一九六一—八〇年的二十年間，平均每年增加率為一四．七%，而台灣的出口在此二十年間，平均每年增加率更高達二七．一%，是全球進口增加率的一．八倍，如表十所示，顯示台灣出口競爭力之強大。

台灣出口競爭力之強，究係是哪些出口產品？在一九六〇年以前，台灣出口以糖、米為主，高時占七〇%以上，一九六〇年還高占四七．一%，糖、米以外的工業產品出口僅占五二．九%。至一九八〇年糖、米出口占比已降至一．五%，糖、米以外的工業製品高占九八．五%，而其中以紡織品、機械及電器產品、化學製品（包括塑膠、橡膠及玻璃製品）、金屬及其製品，以及木製品等，此五類產品，在一九六〇—八〇年的二十年，平均每年出口增加率，均在三〇％以上，合計則增三二．九％，占總出口比例，自一九六〇年的二七％，躍升到一九八〇年的六六．五％，如表十一所示。而此等產品都是尹先生主持的生管會、工業委員會、經濟部及美援會期間積極推動的民營中小企業所出產者。

（六）民營中小企業奮發努力，不斷開創新事業

在尹先生大力推動民營企業發展，加上民營企業本身的奮發努力，不斷壯大，並開創新事業，使尹先生推動的政策，能夠貫徹執行，亦是尹先生能夠成功的因素之一。此部分在前文已有詳述，不再贅敘。

（七）經濟學者的相助

尹先生是學電機工程的，但他在經濟發展方面的理念與主張也很先進，除他勤敏好

學，隨時研讀歐美經濟著作，很能掌握國際經濟情勢及新知。他又常與經濟學者討論經濟問題，雖有時雙方看法不同，他卻能耐心聽取、虛心學習，從善如流。因此，經濟學者的許多理念與主張，對尹先生推動的許多經濟改革、政策與作法，應有相當影響。

據我追隨尹先生多年的親身經歷及了解，有三位經濟學者對尹先生在經濟觀念方面影響重大。這三位是邢慕寰、王作榮及蔣碩傑。

1、邢慕寰

邢慕寰，中央大學經濟學系一九四二年畢業，考取資源委員會擔任經濟研究工作，奉派於一九四五—四六年度到美國芝加哥大學進修，一九四七年回國升任研究員。於一九四九年初來台，進入台糖公司經濟研究室任研究員與我同辦公室工作。當時他在台糖擔任英文文書工作外，沒有其他任務，於是他主動研究台灣經濟問題，要我幫助他搜集資料及做些計算工作。但邢先生自視甚高，很少與同仁接觸，可以說我是他在公司接觸比較多的人。

一九五一年尹仲容應國外雜誌之邀，要撰寫一篇關於台灣糖業的文章，請台糖公司協理雷寶華找人撰擬初稿，雷協理就交代邢先生處理。文章交出後不久雷協理來到辦公

尹仲容先生邀請好友譚伯羽先生，撰寫此對聯掛在中信局局長辦公室，以自勉。
（圖片來源：尹小虎）

室對邢先生說，尹副主任委員很欣賞你寫的文章，知道你是學經濟的，希望同你談談。當時我已是尹先生助理潘鋕甲先生的助理，知道尹先生是一號大人物。在他與尹先生談後，回到辦公室時，我問他談的情況如何，但看他的臉色就預知情況不妙；他說：「我一進入尹先生的辦公室，他端坐在辦公室前批閱公文，只對我說一聲請坐，便繼續他的工作。我等了二十分鐘，實在忍不住要離去，忽然抬頭看見牆壁上掛了一幅譚伯羽送尹先生的對聯：上聯是『豈能盡如人意』，下聯是『但求無愧我心』。我的火氣頓時消了一半，心裡想這人雖然傲慢無禮，但還不失為一個有心人，使我再等下去。結果談了近一小時，我感覺尹先生不過是一位剛愎自用，滿腦子的經濟管制與保護的官僚，相當讓我失望。」

幾天後，雷協理興奮的來到辦公室，對邢先生說：「尹先生不但沒有怪你那次同他談話時對他不敬，而且還說你是他見過的，對當前經濟問題，真正說得出一套道理的人，會找你再談。」邢先生一笑置之，似有「姑妄聽之」之意。後來尹先生又數次約邢面談，他稱與尹先生談自由經濟、價格機能，尹很快就聽懂了，而當時有些官員根本不了解。因此，邢先生對尹的印象已有很大的改變。

一九五二年邢先生與其大學同學陳仲秀、王作榮，有意組織一個私人經濟研究機構，因缺乏經費與地點，他帶陳、王一同去拜訪尹先生，試探他的意見。沒想到尹先生竟慨然支持，並且立即請紡織公會捐出新臺幣五萬元作開辦費（在當時是一大筆金額，我當時月薪不到三百元），將中信局在台北市信義路的房舍（後來改建大樓，即現在的全民健保大樓），提供他們使用。顯見尹先生對「經濟研究」很重視。後來因陳仲秀出任我國駐聯合國代表處專門委員赴美，因而人手缺乏，成立經濟研究所的事便作罷，五萬元也歸還了紡織公會，信義路的房舍，還未遷入。

一九五三年尹先生出任工業委員會召集人，邀請邢先生到該會任職，邢自認非做官的材料而婉拒，但介紹王作榮出任工業委員會專門委員。邢先生於一九五三年秋應臺大商學系之聘，離台糖公司到臺大任教。翌年夏邢利用暑假寫了一篇很有分量的文章，題目是〈經濟較量與經濟政策〉，未用本名而以筆名「邢杞風」署名，刊登在《自由中國之工業》月刊，一九五四年十月號。邢先生在該文最後特別指出：「本文的用意，原不在提供實際政策建議，而是希望借用幾個有關的重要實例（如蔗作與稻作的經濟觀、工業生產與進出口、外匯匯率與生產及生產經濟與就業），闡明經濟較量對經濟政策的重要，並舉一反三，引申借鏡。……經濟政策永遠脫離不了經濟考慮以外的拘束，如何調和經濟較量與經濟以外的考慮，全賴決策者明智的抉擇。」邢先生此文給經濟政策的決策者，對經濟自由化及市場價格機能的作用，上了一堂課。

尹先生是《自由中國之工業》月刊的創辦人及發行人，我是該刊的編輯；該月刊出版後，第一份就是送給尹先生。尹先生曾問起「邢杞風」是否就是「邢慕寰」，可見尹是看過該文的。

一九五四年八月美援當局為協助我國經濟發展，特在美國聘請幾位專家組織美國經濟顧問團，但我財經當局看到顧問團名單多係銀行家，缺少對總體經濟方面的專家。於是一方面致函我駐ＩＭＦ執行董事譚伯羽，向ＩＭＦ當局借調劉大中及蔣碩傑兩位研究員回國三個月，會同美國經濟顧問團共同工作，提供建言；另方面函請美援當局同意，劉、蔣加入美國經濟顧問團。

結果美國經濟顧問團提出的報告（簡稱ＡＥＧＲ），分送各有關機構參考，我們同仁都能看到，但劉、蔣所提的中文報告卻列為「最高機密」，僅分送少數財經首長參考。不過劉、蔣看到《自由中國之工業》月刊所刊載之邢文後，認為邢的看法與他倆報告的主要內容不謀而合，即去找邢，將其文章的單行本（當時《自由中國之工業》月刊，對於重要文章都會抽印五十份，給作者運用），要拿去分送有關人士參考。不久後邢先生私下對我說，劉、蔣曾提及既然邢某人不願做官，就建議政府設立體制外的「經濟顧問小組」

作為政府的智庫，由邢主持。邢極力反對，這樣做將置體制內的王作榮於何地？因此，劉、蔣未再提出。而王作榮是邢推薦薦給尹先生的，如他再另主持小組，將如何對得起老同學，邢先生真是謙謙君子，也是他做人處事之道，令人敬佩。

一九五四年六月尹先生出任經濟部長仍兼工業委員會召集人及中信局長，可說是一大忙人。有一天尹部長忽然去邢先生宿舍看他，讓他十分吃驚。尹部長對邢先生的〈經濟較量與經濟政策〉一文，大加稱讚，還提出幾個當前經濟問題，徵詢邢先生看法，相談極為愉快。當時尹先生已貴為部長，還禮賢下士，登門拜訪，可見尹先生對專家的尊重，亦顯示他求知若渴的程度。

直到一九五八年三月尹先生出任外貿會主任委員，於四月十二日宣布「外匯貿易改革方案」，不僅要將多元複雜的匯率改為單一匯率，使新臺幣對外價值達到合理水準，且解除了許多進出口及外匯管制，讓台灣經濟自由化向前邁進一大步。這是邢先生盼望多年的「經濟自由化」，終於開始，他對尹先生的作為，極感欣慰。

一九六三年一月尹先生逝世時，他送了一副輓聯：

「拯經濟於艱難，勞怨交集一身，獨挽中流擎砥柱；
傷老成之凋謝，憂患方思來日，豈惟下釁泣焦桐。」

邢先生後於一九八六年撰文紀念尹先生時，提出該輓聯中所擔心的「來日憂患」，在台灣經濟經過將近十年的穩定成長，繼之以十年的起伏波動之後終於來了。現今又是需要像尹先生這樣堅強的中流砥柱的時候；這一支中流砥柱，將是阻擋一切妨礙「自由化、國際化」的力量，一如五〇年代後期以至六〇年代初期，阻擋一切妨礙外匯貿易自由化的力量。

邢先生在該文最後指出，假如尹先生再多活十年，以他的遠見與魄力，他深信台灣經濟早已走上了自由化、國際化的道路，而不至於到今天仍然趑趄不前[45]，真的令人嘆惜！

2、王作榮

王作榮，中央大學經濟學系一九四三年畢業，他與邢先生原係同班同學，因他原讀政治系，後轉經濟系，為補學科，遲一年畢業。畢業後進入財政部工作，第二年高考及格，轉入中國國民黨中央設計局擔任研究工作，這是前文所述他有經濟計畫設計經驗的由來。

一九四七年赴美進入華盛頓州立大學研究所，主修貨幣銀行學，翌年獲得碩士學位後回上海，於一九四九年八月來台，出任最高法院檢察署會計主任，兼省立行政專科學校副教授。一九五三年九月進入工業委員會財經組任專門委員，同時受聘為台灣大學兼任副教授。

在工業委員會除負責設計第一、二期經濟建設四年計畫工業部門計畫及彙整外，主要為尹仲容召集人撰寫文章、演講稿及重要報告，成為尹召集人推動經濟發展方面的重要智囊。一九五七年尹先生推薦薦他接受美援技術協助，赴美進入范登堡大學研究經濟發展十三個月，獲碩士學位返國。一九六一年美援會推薦薦赴美入世界銀行經濟開發研究所，從事經濟發展問題研究六個月，這一連串的學習與研究，奠定了王先生在經濟學及經濟發展理論上的堅實基礎，對日後工作助益甚大。返國後仍在美援會擔任參事兼經濟研究中心主任。以後機關改組，職務變動，已見前述，不再贅敘。

王先生在尹先生主政的十年半間，對尹先生及國家作出重大貢獻，據我親自參與的經驗，可從下列三方面來分析：

（1）為尹先生撰寫文章與演講稿

尹先生是學電機工程的，工程師的特別性格就是「務實」；凡是能解決問題，使工程能順利完成的方法，就是最好的方法。尹先生將這種「務實」作法，用在推動經濟建設上，能解決經濟問題的主張，就是最好的主張，至於經濟理論，什麼學派，他不在意，與他的主張也無關。

而王先生就根據尹先生對各種經濟問題所提出的想法與主張，以他在經濟學方面的深厚造詣，將尹先生的看法與主張，用經濟學方面的語言，將它和經濟理論相連接起來，寫出一篇完整的、具經濟學養的文章或演講稿。

這對尹先生所重視的，在任何崗位上都強調的，宣導政府政策，推動經濟新知，極有幫助。因此，尹先生每發表一篇文章或演講都受到各方面重視，這也是尹先生所推動的改革與政策，能貫徹執行的關鍵所在，對國家經濟能順利發展，作出了重大貢獻。

（2）活用各派經濟理論，在不同階段解決不同問題

前述邢先生初次與尹先生交談時，認為尹先生滿腦子的「管制與保護」不滿。而邢先生是受芝加哥大學自由派大本營訓練的，滿腦子都是「自由」，凡非「自由」的任何政策都是不正確、不好的政策，對工程師性格的「務實派」作法，完全不能接受，要加以嚴格的批評。

而王先生同樣受過完整的經濟學的訓練，對「經濟自由化」、「價格機能」的運作及各個經濟學派的理論，應也瞭如指掌，但卻不拘泥於任何學派。他也有工程師性格的「務實」作法，認為能解決問題的主張，就是最好的政策。

如前文所述，一九六〇年王先生為尹先生出版《我對臺灣經濟的看法》續編，序言中就坦白表示：「過去曾經有人批評我是極端的管制主義者，後來又有人說我改變了觀點，是自由經濟的擁護者；其實我的基本觀點是『如何在現實環境中，切實有效的解決問題』，目的在為國家謀求最大的經濟利益，絕不拘泥於某一個學說。實際問題千變萬化，決不是引用某一個學說，守住某一個主張，一切不變所能應付的。」

由此，可以看出，王先生能活用各派經濟理論，建議尹先生解決所面臨的經濟問題，為國家作出重大貢獻。

（3）研擬「加速經濟發展計畫大綱」及「十九點財經改革措施方案」，推動經濟的全面改革。

如前文所述，一九五九年政府為因應美援的變革及隨時有停止壓力下，老蔣總統指示「自力更生」。王作榮奉示研擬「加速經濟發展計畫大綱」及全面經濟的改革方案。其中最重要的關鍵，是如何能加速經濟成長，而且在加速成長後，人民所得增加，如何使增加的所得，不用於增加消費，而留作儲蓄，以提高自給的投資財源，達到「自力成長」的目標。這也是尹先生一再呼籲節約消費，增加儲蓄的根源所在。此一艱難任務如何能實現，就有賴王先生研擬的，而且可執行的全面經濟改革方案了。

王先生除參照郝樂遜建議的八點外，以他深厚的經濟學造詣，對台灣近年來經濟發展的情況與問題的了解，以及民間力量不斷壯大及配合政府政策實施的情況，擬出完整方案，其主要內容見本書第一三四－一五二頁。由於該改革方案的有效執行，不僅克服美援停止壓力，更對嗣後國家經濟穩定快速發展，作出了卓越貢獻。

3、蔣碩傑

蔣碩傑，十五歲（一九三四年）即赴日本入慶應大學預科讀高一，一九三七年畢業後續在慶應大學唸本科，是年七月中日戰爭爆發回國。一九三八年去英國倫敦政治經濟學院就讀，在學生時代就對幾位經濟學名教授論文，加以評論，並指出其缺失，其批評文章刊登在著名的《經濟學刊》（*Ecomania*）及《經濟期刊》（*Economic Journal*）。一九四五年完成論文獲哲學博士，並獲得最佳博士論文「赫其森銀牌獎」。

一九四六年回國任教於北大經濟系，一九五六年美國著名的《經濟評論》（*American Economic Review*），發表了蔣所撰寫的〈綜論：流動性偏好和可貸資金理論、乘數和流速分析〉，獲得幾位知名經濟學大師的鼓勵與支持，於是蔣先生在國際經濟學界揚名，一九五八年膺選為中央研究院第二屆院士。

蔣先生曾於一九四八年來台，曾任臺大教學半年，即於一九四九年中赴美，入IMF擔任經濟研究工作，一九五二年利用休假來台，由我駐美技術團副主任李榦博士（後回台任中央銀行副總裁）介紹，去看生管會副主任委員尹仲容。他與尹先生初次見面，認為尹相信「計畫經濟」可以使經濟發展，而蔣則相信自由經濟可使經濟活絡起來。兩人話不投機不歡而散。不過將離開時，贈送尹先生一本米德（J. E. Meade）所著的《計畫與價格機能》（*Planning and the Price Mechanism*），強調米德不僅是知名教授，而且在二次大戰期間，擔任英國內閣經濟處長，管的事情很多，經驗很豐富，你看這本書可以得到他真正的經驗之談[46]。

一九五四年蔣先生應政府邀請與劉大中先生參加前述的美國經濟顧問團來台。蔣、劉所寫的中文報告，當時列為「最高機密」，後來中研院近史所訪談蔣先生時，他透露當年建議重要有兩點：一是提高利率，一是讓匯率貶值，貶到可以平衡，並實施單一匯率。可以說尹先生在一九五八年四月，推動的「外匯貿易改革」，蔣、劉當年的建議是尹先生重要參考意見之一。蔣先生一九五四年被行政院長俞鴻鈞聘為行政院經濟顧問。

後來劉、蔣會同邢慕寰、費景漢、顧應昌、鄒至莊等六位院士，趁中研院於一九七四、七六及七八年三次召開院士會議時，共同署名向政府提供財經改革建言，大部分都被政府接受實施，對國家經濟發展作出卓越貢獻。

不過，就尹仲容擔任公職的十年半期間而言，蔣先生對尹先生之建言，我認為祇有一九五四年他與劉大中所提出的外貿改革報告，對國家經濟發展作出重大貢獻。至於蔣先生送給尹先生米德的書，蔣先生認為是改變尹先生對經濟政策思想的關鍵。後來在蔣先生逝世後，邢慕寰先生於一九九三年十二月四日在《經濟日報》發表〈一本書改造了尹仲容——追懷蔣碩傑先生〉[47]一文，邢先生雖是我敬仰的少數經濟學家之一，但對這篇文章，誇稱「一本書改造了尹仲容」，我有不同看法，實在太誇張了。

蔣先生在中研院近代史研究所訪談他的紀錄中（第八十頁），提到他對尹先生說米德不僅是學者，也是政府官員，有實務經驗。他說：「尹先生聽了我的話，在兩個禮拜之內就把那本書看完，印象非常深刻；並且讓工業委員會第三組的同仁傳閱，要他們一個個傳著看。而當時第三組的組長就是王作榮，我不知道他還記得不這本書？」我認為蔣先生這段話很有問題：

一是，蔣先生初次與尹先生見面後，沒有再見面，如何能知道尹先生在兩個禮拜就把那本書看完，而且印象非常深刻，還將那本書交給同仁傳閱？

二是，蔣先生那次回來，只在台灣停留兩週（見訪談紀錄第八十二頁），怎能知道兩週後尹先生將書交給同仁傳閱之事？

三是，蔣先生於一九五二年回台，那時工業委員會還未成立，工業委員會是一九五三年九月一日才成立，那時尹先生是生管會副主任委員兼中信局局長，而生管會只設有祕書室，沒有專業研究人員，經濟研究方面只有兼任的潘鋕甲先生，我是他的助理，如尹先生將米德的書，交給潘先生看，他看後認為好的話，會交給我閱讀，但並沒有，潘先生對我也未提及米德的書。

四是，工業委員會一九五三年成立時，並沒有第三組，只有財經組，組長不是王作榮，而是潘鋕甲。王作榮只在一九五二年與邢慕寰去見過尹先生一面，一九五二年還不是尹先生的下屬。

五是、蔣先生對尹先生介紹米德時，特別強調米德擔任公職的經驗，卻忽視尹先生在美國五年擔任對外貿易及採購軍用物資的經驗，其對象均為民營。尹先生雖不強調

「價格機能」，但對發展民營事業卻有深刻印象。因此，尹先生於一九四九年接任生管會副主任委員後，即確定兩大政策，第一項就是不分公民營一律給予原料、器材、資金、外匯等支應之便利。而且他優先發展的三大產業中的紡織工業，絕大部分都是民營，還輔導民營的玻璃工業及純碱工業的發展。

由以上各點看來蔣先生完全低估了尹先生的才華與工作經驗，也不了解尹先生當時在生管會的作為。雖然蔣先生有了不起的才華，又是國際知名的經濟學家，曾是諾貝爾經濟學獎的候選人，但自以為是他改變了尹先生的想法，未免誇大其詞。尤其邢慕寰先生雖是我相交多年的「亦師亦友」，但他僅憑蔣先生訪談紀錄的一段話，未經查證，就大書特書的認為「一本書改造了尹仲容」，也未免過於草率，令人惋惜。

最後，我也研判邢、王、蔣三位經濟學家，對尹先生在經濟理念方面的影響，及對國家經濟發展的貢獻。以我親身的經歷與觀察，王作榮先生應居首，其理由如下：

1、王作榮為尹先生撰寫的許多文章與演講稿，宣導政府政策與介紹經濟新知，對讀者與聽者而言是一種教育，對電機工程出身的尹先生，在經濟方面而言，何嘗不也有教育的作用。

2、蔣先生在他的訪談紀錄中（第九十一頁）指出：「王作榮一直說他是尹仲容的智囊，可是尹先生後來採用的政策，跟他一貫的主張不同。」並舉例：「尹先生接受臺灣銀行董事長時，即提高利率、抽緊銀根，這跟王作榮一向主張放鬆貨幣供給、壓低利率的主張完全相反。」似乎在貶抑王作榮對尹先生的價值。

王先生是我直屬長官，我追隨他十多年，王先生有一種習慣，也是有信心，他寫好的文章，從不再看，交我先讀一遍，如有問題再與他講，實際上很少有問題。因此，王先生對尹先生的建議，我都很了解，沒有發現他有什麼一貫不變的主張，他總是實事求是，針對當時環境與問題，採取有效因應對策，在不同環境、不同問題時，作不同的建議，他能將各派經濟學家的主張加以活用。

王先生在「王蔣財經政策辯論」時寫的第一篇文章〈經濟學說與經濟現實〉中，開宗明義就說：「經濟學說要活用，不可執著。應該針對現實、綜合運用各家學說知識提出對策，千萬不可墨守一家之言，一入門戶之見，便無可取矣。……由此可知經濟學說之產生與流行，必然受到經濟現實的限制。所以我說沒有經濟現實支持的經濟學說都是空談，能解決現實問題的經濟學說，就是好學說[48]。」這是針對蔣先生〈穩定中求成長的經濟政策〉一文所寫的評論文章，蔣先生應會細讀，怎會說：「王作榮一向主張放鬆貨幣供給的說法」，而誤導讀者。

實際上，尹先生接任臺銀董事長後，即聘王作榮為臺銀顧問，可見尹先生對王先生之器重。尹董事長應台灣雜誌事業協會之邀，於一九六〇年九月三十日至該會演講，王顧問為其撰寫「通貨不膨脹能配合加速經濟發展嗎？」演講稿。一開始尹董事長就說，在講我的觀點之前，可以先將我的結論提出：「經濟發展和反通貨膨脹是互為配合的，反通貨膨脹不但不會阻礙經濟的發展，且為經濟發展所必需（如本書第一六七－一七〇頁所述）」。實際上，王作榮在一九五九年提出的「十九點財經改革措施方案」中的「平衡財政收支」、「節約消費」、「鼓勵儲蓄」都有收縮通貨穩定物價的功能，絕不是蔣先生所說的「一向主張放鬆貨幣供給」。

3、一九五九年十二月王先生研提「加速經濟發展計畫大綱」及「十九點財經改革措施方案」，由於都能有效執行，不僅克服美援停止的困難，且為嗣後國家長期經濟發展作出重大貢獻（詳見本書第一三五－一三九頁）。

尹仲容在任公職期間，能獲得國家領導人的賞識、信任與授權、同僚的充分配合、下屬的效忠，他能獲得此三種有利條件，必是受到他的才華以及為國為民謀利的狂熱所感動，已是成功的一大半，再加他能有效利用美援及有利的國際環境、民間中小企業的全力支持，以及經濟學者的相助，尹先生的成功應是必然的。

第六章　尹仲容先生的風範與人格特質

一、早期財經首長們的風範

台灣光復後經濟發展早期的財經官員們，包括嚴家淦、俞鴻鈞、尹仲容、徐柏園、蔣夢麟、沈宗翰、楊繼曾、李國鼎、蔣彥士、孫運璿、俞國華、趙耀東等等，他們都是經過大時代的洗禮，對國家百年來所受到的屈辱刻骨銘心，而且親歷了八年對日戰爭，雖最後勝利，去除一切不平等條約，收復失土（台灣與澎湖），但接著又是四年內戰，撤退來台。這種親身經歷的痛苦經驗，對一個有良知的知識分子，從內心直接反射出來的，就是要一心建設國家脫離貧困，成為一個富裕現代化國家的使命感、責任感特別強烈。

因此這些有使命感、責任感的知識分子，一旦接受政府任命，無不盡其所能，全力以赴，報效國家。他們雖都處在威權時代，但他們都有主見，有執著、有擔當，具有中國古代國家重臣的風範。

其中尹仲容、嚴家淦、楊繼曾、李國鼎、俞國華及趙耀東六位先生都是我的長官，由於追隨他們多年，發現他們都具有下列風範：

一、謀國求治心切，一切為國家、為人民，絕不為個人權位考量；他們的職位都不是自己謀求的，而是上峰派任下來的。他們都具有無私無求的刻苦精神及追求國家早日現代化的強烈企圖心。

二、都兼具中國傳統與西方文化知識的修養，心胸開闊，尊重專業與幕僚意見，謀定而後動，作好正確決策，並全力以赴，貫徹執行。

三、都是操守廉潔、生活簡樸、公私分明，而且都有鞠躬盡瘁、死而後已的精神。

四、積極主動，勇於面對問題，敢於改革：明知困難當前，阻力重重，都有雖千萬人吾往矣的氣概。

五、進取心特別強，不斷汲取新知、新觀念，不時提出前瞻性看法，推動新制度、新計畫。

六、以國家整體利益為重，絕無本位主義，各部會間團結合作，全力為國家經濟打拼[49]。

二、尹仲容先生的人格特質

（一）他有一種特殊的「剛正之氣」

尹先生是湖南人，有著湖南人的典型性格，特立獨行。他在會議中常常對於發言不合理的要求或陳述，給予嚴厲的駁斥與批判。雖然因此得罪不少人，他也不在乎。但剛正終能戰勝邪惡，使那些存心不良的人、利用特權的人，在他職權管轄範圍內，不敢再伸張，而整個工商界的風氣也因此改變過來，官商勾結雖不敢講完全消除，但這種惡劣風氣，也大為改善。有些人批評他「固執」，但他是「擇善固執」，他是一切為國家，為人民，絕不為任何人私利考量，他以「無愧我心」面對一切。唯其擇善固執，便能無私無欲，對是非黑白作斷然的判別與處理。誠如周君亮先生所說「擇善」需要智慧，「固執」更需要勇氣。由於他的「擇善固執」，故能使他的主張與政策貫徹始終，建立事功。

他曾集句，請好友譚伯羽先生寫成對聯：「豈能盡如人意，但求無愧我心」，放在他中信局長辦公室，作為座右銘。

尹先生雖剛正不阿，但絕不剛愎自用，他只要發現對方有好的見解或意見，他會立即採納支持。若發現錯誤或缺點在己，有勇氣立刻改正，絕對不護短。雖有人批評他「朝令夕改」，他回答發現錯誤不改，難道要使問題更大嗎？

（二）他能化繁為簡，勇於負責，有魄力、有擔當

尹先生的思想，判斷力，往往高人一等。他可能學過速讀，看書、看報告非常快速，且是一頁一頁的看，既能把握重點且又過目不忘，記憶力特強。他特別重視統計，能從數據了解實況、發現問題與解決之道。即使是極艱難複雜的問題，在他了解後，立刻會要言不煩的提出解決之道。每每在集會中，無論問題如何複雜，無論出席的人如何發言意見紛歧，他一發言，便立刻把握問題的核心，常能獨具卓見，力排眾議，簡單明瞭的提出解決問題的辦法，而且都是正確可行。在這些地方充分表現了他精湛的學養與敏捷的思路，再加於他勇於負責，有魄力，有擔當，因此，一旦他提出新的解決之道，就能迅速執行。例如前文所述的優先發展電力、肥料及紡織工業、整頓國營事業、推廣

國產品、化解軍方要進口皮革要求，為提高產品品質，打碎不合格燈泡，以及採取緊縮措施，發行百元大鈔等等。由於他能化繁為簡及果斷的判斷力，使他能在有限時間內，完成許多任務。

尹先生這種明快果斷，敢作敢為，實事求是、無偏無私的精神，不知為國家社會與業者解決了多少疑難雜症，使國家政策、企業業務得以順利推動與發展，深得各方的崇敬。

他批評當時社會上存在「多做多錯，少做少錯，不做不錯」心裡的不當，認為應抱有「多做事不怕錯」的勇氣，只要不是存心做錯，以勉勵國人。

（三）他具有高瞻遠矚，有創見，為人所未見的能力

尹先生在台灣從政，只有十年半，但對國家建設卻做出了極大貢獻，廣受人民的愛戴。他每項任務，都是責任重大，為了化解當前面臨的問題及推動國家建設發展，已日理萬機；但他都能抽出時間，考慮研究國家長期永續發展的途徑。一旦有所決定，他就劍及履及的貫徹執行，奠定國家長期經濟發展基礎，使後來二十、三十年的國家建設都

能順利發展。

下列各項決策最能說明尹先生的高瞻遠矚與創見：

（1）一九五〇年開拓對日貿易

（2）發展紡織工業

（3）發展民營工業

（4）推動外匯貿易改革，貫徹出口導向政策

（5）推動「加速經濟發展計畫」，提出「十九點財經改革措施方案」、訂定「獎勵投資條例」等

（6）改善投資環境，廢除和修訂不合宜的法令等等。

（四）他的任勞任怨異於常人

「任勞任怨」是一句常聽到的成語，但要深切體會的話，「任勞」也許不十分困難，凡有事業心、責任感的人都可以做到。但「任怨」的境界就不同了，若遭遇到誹謗集於己身的時候，能有幾人不消極、不灰心，不氣餒？有人甚至就此一蹶不振。

可是尹先生的「任勞」遠勝於常人，他於一九四九年擔任「台灣區生產事業管理委員會」副主任委員時，正是台灣光復初期，篳路藍縷，再加以大陸撤退，近兩百萬軍民來台，人口遽增，民生需求大幅增加，相對物資更為短缺，形成惡性通貨膨脹，經濟也面臨崩潰邊緣，民不聊生。而尹先生適時出任「生管會」副主任委員，在物資、技術、資金、外匯、人才五缺的狀況下，要費盡心思策劃，排除萬難，統籌調節，積極恢復並擴大農工生產及交通營運，以求轉危為安。

當「生管會」撤銷後，成立經安會工業委員會，尹先生出任召集人，仍兼中信局局長、後又任經濟部長，一身三職。而每個單位在尹先生主持下，猶如生龍活虎般，不斷開展新局。待其「揚子」案無罪定讞，還他清白後復出，更是以美援會副主委兼外貿會主任委員與臺灣銀行董事長，再度三職加身，主管外匯貿易、美援及金融。而且美援會在尹先生接任副主委後，改組擴大組織，政府更賦予整體經濟發展規劃，經濟參謀本部之責任。臺灣銀行在中央銀行未復業前，代理中央銀行之任務。可見尹先生復出後，得到國家高層充分信任，賦予更多職責，但責任也更重大，稍有不慎會給國家帶來重大傷害。然而尹先生不僅日理萬機處理日常業務外，還能不斷創新改革。如主持外貿會時，推動外匯貿易改革；主持改組後的美援會時，推出「加速經濟發展計畫」，訂定「十九點財經改革措施方案」，與頒布「獎勵投資條例」、改善投資環境；主持臺灣銀行時，即時採取緊縮措施，穩定經濟，並發行百元大鈔等。每項政策都為國家未來二十、三十年經濟發展奠定基礎，創造有利條件。顯然尹先生主持的事都是國家頭等大事，他無不全力以赴，根本沒有時間顧到自己身體健康，他的「任勞」真正到鞠躬盡瘁，死而後已的境地。因此而英年早逝，怎能不讓人惋惜。

尹先生的「任怨」更是了不起。他平常由於「剛正」、「擇善固執」、「堅持政策」，再加以對「特權階級及既得利益者」不假辭色，因此得罪許多人，不時遭到責難與汙衊。但尹先生一心只顧到國家利益，而不在乎個人的毀譽，認為完成任務最為首要，這正是「任怨」的最高境界。

尤其一九五五年發生「揚子木材貸款案」，尹先生被牽涉其中列為被告，當時報紙將此案大肆渲染，尹先生被描繪成與胡光麃官商勾結、狼狽為奸，甚至有報紙標題「胡光麃可殺，尹仲容更可殺」的聳動評論出現。當時我們同仁看到這類新聞都很生氣，為尹先生大抱不平，更何況他本人！以尹先生這樣公忠體國，熱愛國家，無時無刻都為國家現代化努力工作奉獻的人，怎可能會貪汙？他雖身兼三職，除領美援會薪資外，外貿會主委、臺銀董事長薪資都不拿，連車馬費也不取，完全是義務職，而他一生嫉惡如仇，最痛恨的就是貪官汙吏，可想像他心中是多麼的痛苦。

可是他並未像一般常人的灰心、消沉、喪志，他在辭去本兼各職後，閉門讀書，撰寫「郭筠仙先生年譜」，並深入研究台灣經濟問題，及未來可能發展的途徑。因此，他能在復出後，國家重用他，就發揮所長，在每一任務上，做得有聲有色，為國家建設作出更大貢獻。

不過，尹先生在訴訟期間，曾兩度應訊，第一次是在臺北地方法院夜間應訊，站立答詢直到凌晨一點多，走到家已過二點，沒想到到家後一口鮮血噴出，驚嚇了尹夫人及他本人。第二次是在最高法院站立應訊整整八個半小時，他自己感覺體力不支，回家後才發現，痔瘡流下的鮮血，已染滿鞋襪。他在訴訟與賦閒的兩年間，體重減了十餘公斤。當時我才三十出頭的年輕人，曾一度忙碌病倒，醫生說是「過勞」，更何況尹先生年近花甲之人，在公務上已夠勞累，哪能再受偵訊的折磨？「揚子案」對他身心的傷害極其嚴重，降低了他身體的抵抗力，為他的早逝種下禍根。

（五）積極培養人才，善待所屬

尹先生早在生管會時代即對工業有深刻研究，體認到我國工業發展落後之癥結，不僅技術落伍，而且進步緩慢，甚至停滯不前，與先進國家之落差，將會愈來愈大，而更嚴重的是缺乏對現代企業化管理的基本認識。因此他在推動戰後重建工作及規劃未來發展時，他更認為培養人才的重要。

他早在生管會時代，即鼓勵紡織專家民營的雍興公司總經理呂鳳章，赴美考察紡織工業及人造纖維工業生產技術及市場情況，以便回來幫助規劃台灣紡織工業發展與人造纖維工業的設立。

一九五四年他出任經濟部長，即派電力公司電力專家孫運璿、台糖公司財務專家鄒昌、碱業公司化工專家黃人杰等等，赴美考察當代技術及現代化企業管理。當時台紙公司已民營化，他鼓勵該公司總經理造紙專家吳祖坪，赴歐美考察加工紙業之技術，以為未來台灣加工紙業發展規劃。可見當年尹先生推動各種工業發展，都是先從培養專業人才著手，然後再提出全面性規劃，謀定而後動，不像現在臨時雜湊，還稱為「前瞻」計畫，真有天壤之別。

我的頂頭上司王作榮，在工業委員會時，是同仁中曾在大陸時期在中央設計局工作，有實際從事經濟計畫設計經驗的人，他帶領工業委員會同仁完成第一期四年經濟計畫工業部門計畫。當年尹先生發表幾篇政策性重要文章，如〈台灣工業政策試擬〉、〈台灣工業發展之逆流〉及演講稿〈台灣經濟建設之途徑〉登載各報後，轟動全國大家爭閱，報紙一時洛陽紙貴，還有許多重要文稿報告等，都是王作榮執筆的。在當時王先生應是尹先生的重要智囊、左右手。一天尹先生對王說，現在美援支持可送一位專家到美國大學學「經濟發展」一年，我派你去；當場王表示手上工作這麼多，怎能離開。尹說一年時間很快過去，未來時間很長，國家需要你為國家未來做更多的事。王作榮遂在尹先生大力推動工業發展時離開他，去美國學習。由此可見，尹先生對國家未來長期永續發展的重視，列為第一優先。

另方面，尹先生對部屬相當愛護，除他自己不休假，要同仁休假外，據我個人親身經歷的經驗，非常感人。我於一九五三年十二月進入工業委員會，以薦一級派用，五年間由於工作努力，三年考績「甲等」每年晉二級，二年考績「特等」每年晉三級，五年晉升十二級，在工業委員會結束時，我已晉升到薦十二級，年功俸一年。在轉入美援會時，以薦十二級任用。但人事資料送到銓敘部後，認為我大學畢業應只有委任資格，而我曾於一九五三年參加乙種特考以第二名及格，故可自薦一級敘用。可是工業委員會是沒有法律依據的機構，俗稱「黑機關」，其考績沒有送銓敘部審查，故五年考績不承認，要從頭自「薦一級」開始。雖然美援會仍可以照「薦十二」給我支薪，但六年內不能加薪，因考績取消了特等。在我知道此一訊息後，雖工作不受影響，但對此不公平待遇當然不滿，在語言、情緒中都會表達出來。忽然有一天，尹先生的鄭祕書打電話給我，說尹先生要見我，當我到他辦公室時，尹先生對我說：「你遭到不公平待遇的事我知道了，我剛才已與銓敘部石部長通了電話，已約好明天下午三點你去看他，要他幫你研究，在法律範圍內，有無解決途徑」；同時拿出一封尹先生親筆寫給石部長介紹我的信帶給他。當場我感動得說不出話來，只說謝謝。回到辦公室向王作榮報告時，我感慨萬千地說：「尹先生身兼三職，整天忙得不得了，真是日理萬機，不但關心我這小職員，還寫信打電話給石部長」，我感動得忍不住流下淚來。

雖然石部長未能解決我的問題，回來向尹先生報告時，他說法律不合理就應修法。一年後王作榮先生私下打探到，如美援會特准我提升為專門委員即可升「簡一級」，但要提出論文送審通過才行。當王先生向尹先生報告時，尹先生回答說趕快辦。因此我反而因禍得福，提前升為「專門委員」，是當年政府中最年輕的專門委員，當時我才三十四歲。

（六）他一生都在「圖利國人」，自己卻廉潔自持

尹先生一再強調國家太窮，要走上富裕之路「必先民富，國才能富」。因此，他從政以來，都以扶植民營企業發展，擴展企業規模，增加生產，加速經濟成長，創造就業機會，提高人民所得為終生職志。

在尹先生多年的努力下，民間富起來了，國力也不斷壯大，他自己卻依然兩袖清風，廉潔自持。他雖兩段期間都身兼三職，但他只領一份薪資，在前段只領工業委員會薪資，後段只領美援會薪資，其他兩兼職，依規定不能領兩份薪資，可領車馬費，但他也不取。平時家庭生活就很節簡，而在訴訟及閒職期間沒有收入，尹夫人養雞、種菜，她說可以解決食的問題。

他住的房子原是臺灣銀行中級職員的宿舍，兼任臺銀董事長後，行方要他換大點的房子，現在的房子接待外賓不夠用。他說：「談公事應到辦公室談，家庭人口少，換大房子養蚊子啊！」他的座車原是美援計畫項下交回的舊車，臺銀總經理要替他換車，他

說：「國家太窮，有舊車坐已不錯了。」有天上班途中，他的車被別的車撞上，不但撞開後座的車門，還將他彈出車外，幸好沒有受傷，臺銀要他換車，他說修理好再用，可是已是不堪修復，才同意買一輛二手車給他用[50]。

尹先生在我們同仁心目中，他自奉極為簡約，很少看到他穿新衣，兩件黃咖啡色及藏青色西服輪流穿。公餘除與好友打橋牌外，甚少其他活動，生活極為簡樸，卻具有中國士大夫最為人崇敬的清廉風範。更可貴的是他的母親及夫人，亦都能領略這種風範。由於他這種大公無私、有為有守，才能放手去做很多大事，這可以說是「尹仲容作風」。

尹老夫人是一位了不起的女性，在尹先生逝世後，她不僅能節哀順變，還囑咐尹夫人跟孫兒尹宓去美國住一陣子。她說湛英（尹夫人）太悲傷了，太辛苦了，需要換個地方休養[51]。據資深媒體人沈珮君女士，於二〇二〇年一月十九—二十一日在《聯合報》副刊撰寫的〈親愛的尹仲容先生〉，引用陳副總統一九六三年日記寫道：「今日通過褒揚尹仲容先生案。現尹夫人在美，與其子租一車間樓上一間小房子，母子同住，政府對尹之清廉，應有以助其子女教育之責。」但陳副總統於該年底辭兼行政院長，他的想法並未能執行。一位身兼三職的部會首長，廉潔自持到這種程度，令人無限敬佩，也讓人實在不忍。

第七章 尹仲容推動的改革與建設，並非一帆風順

尹先生自一九四九年六月擔任生管會常務委員，以迄一九六三年一月逝世的十年半間，推動了許多重大改革與建設，但並非一帆風順，遭遇的阻力也不少。茲就我親歷過程和同仁間的談論，以及閱讀有關書刊，得知的重大阻力，略舉數項如下：

一、中日貿易談判，遭到盟軍的杯葛

如前文所述，尹先生以經濟部顧問名義，偕同臺灣銀行總經理瞿荊洲，於一九五〇年五月飛往東京，與日本商談簽訂中日貿易協定事宜，因是時日本尚在盟軍占領期間，所以尹顧問是與盟軍的美國代表談判。而盟軍代表一意在袒護日本對我刁難等，詳見本書第五一—五二頁，此處不再贅述。

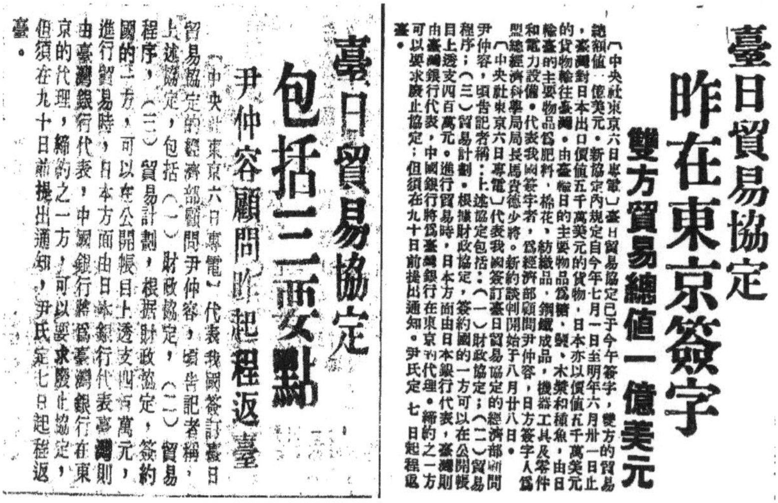

臺日貿易協定
昨在東京簽字
雙方貿易總值一億美元

（中央社東京六日專電）臺日貿易協定已于今午簽字，雙方的貿易總額值一億美元。新協定內規定自今年七月一日至明年六月卅日止，臺灣對日本出口價值五千萬美元的貨物，日本亦以價值五千萬美元的貨物輸往臺灣。由臺輸日的主要物品爲糖、鹽、木漿和鹹魚，由日輸臺的主要物品爲肥料，棉花，紡織品，鋼鐵成品，機器工具及零件和電力設備。代表我國簽字者，爲經濟部顧問尹仲容，日方簽字人爲盟總經濟科學局局長馬貴德少將。新約談判開始于八月廿八日。

（中央社東京六日專電）代表我國簽訂臺日貿易協定的經濟部顧問尹仲容，頃告記者稱：上述協定包括：（一）財政協定；（二）貿易程序；（三）貿易計劃。根據財政協定，簽約國的一方可以在公開帳目上透支四百萬元。進行貿易時，日本方面由日本銀行代表，臺灣則由臺灣銀行代表，中國銀行將爲臺灣銀行在東京的代理。締約之一方可以要求廢止協定；但須在九十日前提出通知。尹氏定七日起程返臺。

臺日貿易協定
包括三要點
尹仲容顧問昨起程返臺

（中央社東京六日專電）代表我國簽訂臺日貿易協定的經濟部顧問尹仲容，頃告記者稱，上述協定，包括（一）財政協定，（二）貿易程序，（三）貿易計劃，根據財政協定，簽約國的一方，可以在公開帳目上透支四百萬元，進行貿易時，日本方面由日本銀行代表臺灣則由臺灣銀行代表，中國銀行將爲臺灣銀行在東京的代理，締約之一方，可以要求廢止協定，但須在九十日前提出通知，尹氏定七日起程返臺。

1950年9月6日經濟部顧問尹仲容代表我國簽訂臺日貿易協定。協定簽訂後各大報皆於頭版報導相關消息。(翻攝自民國39年9月7日《中央日報》及民國39年9月8日《民聲日報》)

問題關鍵在簽訂中日貿易協定，竟然用了三個月時間，可見其中問題重重。一方面是盟軍為日方爭取利益，不斷抬高條件，另方面美方談判代表是一位高手施幹克（Dr. Hubert G. Schenck）先生，不過尹先生也不是省油的燈，棋逢對手，相互爭論，需要相當時日，終使美方代表在敬佩尹先生的機智與真誠之下，於一九五〇年九月六日簽訂中日貿易協定，化解了我對外貿易難題。

在此順便提起偕同尹先生赴日談判的臺銀總經理瞿荊洲，於一九八六年三月為他出版的《到經濟自立之路》一書的第二篇〈工業化的實際問題〉，補記了一段文字，透露與尹先生有關的「祕辛」。

尹先生在日與美方代表談判期間，由於他的觀察力敏銳，深服美方代表施幹克才識卓越，如能把他調到台灣來，必有助於我國經濟之發展，於是設法與他接觸，摸清他本人的意向。尹先生回台北後向陳誠兼主委報告，多方協調將施幹克調來台灣，任美國駐華安全分署署長。施幹克蒞任未久，即發表「老鷹雙翼」的演講，為台灣工業化初試啼聲，果不負尹先生之期望[52]。

我順便提另一「祕辛」，嚴家淦部長有一次與我交談時，問我：「你從事經濟建設四年計畫設計編製多年，你知道我們要推動經濟計畫，是何人發起的，用四年而不是許多國家的五年計畫嗎？」我答不知道。他說：「當年台灣省主席吳國楨與安全分署長施幹克相偕赴東部考察。施幹克向吳國楨省主席提問，若美國對華加強經濟援助，幾年可以自立，不再需要美援？」吳主席隨口答稱三年。當吳主席參加行政院會時提出報告，當時行政院長陳誠就懷疑，我們三年就可不再需要美援嗎？擔任財政部長的嚴家淦就建議，吳主席所說的三年是未來的三年，不包括今年，連同今年應是四年。於是陳院長裁定要省政府研擬「四年經濟建設計畫」，我才了解「經濟建設四年計畫」的由來，這也顯示嚴先生的機智。

後來施幹克極力向美國總署爭取援台，在他任內是我國接受美援最多的年代，而且他強調推動民營工業發展，給予美援的配合，與尹先生合作無間，並未辜負尹先生的期望。這也顯示尹先生的知人之明，謀國之忠，令人敬佩。

二、推動民營事業發展，遭遇到阻力

尹先生自出任生管會副主任委員後，即大力推動民營企業發展。在擔任工業委員會召集人時，繼續運用美援支持民營工業發展，均相當順利。但在推動PVC計畫召請民間投資時，尹先生接到某經濟首長私函，希望PVC計畫公營，理由是「為外省人留些飯碗」[53]。

如本書第六九—七一頁所述，當時公營的台灣肥料公司及台灣碱業公司，都在爭取投資PVC計畫，但工業委員會認為PVC計畫投資較大，而台灣市場狹小，初期生產規模不宜過大，且需全部開工生產，成本才能降低，因此生產後必須立刻推銷，方能合乎經濟利益。可是公營事業推銷能力一向不如民營，該計畫如由公營事業投資成功機率不大，故尹先生堅持由民間經營，核准王永慶投資。結果PVC生產後，銷路大成問題，於是王永慶再投資ＰＶＣ加工廠的南亞塑膠公司，銷路才能打開，之後逐漸擴充為世界最大的ＰＶＣ塑膠公司。誠如王永慶所言，如果不是當時尹先生堅持ＰＶＣ計畫由民間經營，就不會有今天的「台塑」。

三、抗拒強權，大力推動外貿改革

一九五七年冬政府成立「外匯貿易改革九人小組」，成員包括陳誠、俞鴻鈞、徐柏園、江杓、尹仲容等九人。誠如本書第一二一—一二三頁所述，成員中分成兩派，被稱為保守派的領銜人是徐柏園；被稱為改革派、又稱自由派的是尹仲容。而徐柏園是主管外貿的財政部長兼外貿會主委。我認為以俞鴻鈞院長一向的作風，他是支持保守派的，他倆不僅是位高權重，且是老蔣總統最信賴的兩位財經左右手。而尹仲容只是經安會祕書長兼外貿會委員，當時俞院長還兼經安會主任委員，尹先生是俞主任委員的部下。尹先生在兩位長官之下，始終堅持自己的改革主張，等於是小蝦米鬥大鯨魚。尹先生之所以堅持己見，是認為外貿再不大事改革，將阻礙經濟的進一步發展，所以發揮他「擇善固執」的精神，艱苦奮鬥了兩個多月，終於將兩案併陳改革小組召集人陳誠裁決。

事後我曾研究外貿大事改革方案，能夠通過的關鍵有二：

1、總統當時指定九人小組中，將陳副總統列入，且指定他為召集人，我就很奇怪。因為外貿改革是行政院主管的工作，而俞鴻鈞院長是財經專家，又曾任中央銀行總裁，不派他任召集人，而指定完全不懂外貿的陳副總統任召集人，實在是一怪招。

不過經過思考後，我認為總統的想法，決策者不一定要專家，只要有判斷優劣、是非能力的人，更比較客觀，較之有偏見的專家反而好得多。這是我的一種不成熟想法，也可能就是「國運」了。

2、當時幸好嚴家淦不在國內，如他在國內參加改革小組，支持尹仲容的改革派，亦難說服徐、俞兩位大員，他倆認為自己才是這方面的專家，也堅持己見，難以調和。

後來陳召集人私下徵求嚴家淦的意見，由於嚴先生的高瞻遠矚，深知世界大勢，說服了陳召集人，採納自由派尹仲容大事改革的主張。若嚴先生順應當時社會上的保守氣氛，支持保守派，則之後台灣經濟發展就完全不同了，這也證實了第一點，我所認為的「國運」也。

四、「十九點財經改革措施方案」，部分未能在規定時限內有效執行

「十九點財經改革措施方案」經行政院院會通過核定後，分函各有關機構依照規定執行。行政院並成立「執行追蹤列管小組」，每月召開會議列管進度，並請王雲五副院長擔任召集人，以示慎重。首兩月開會，大部分條款都能按進度推動，但也有不少條款尚未有效推動，於是代表美援會出席的王作榮，因該改革方案是他所草擬，各條款的內容他很清楚，對於尚未有效推動的條款的主辦機構，嚴加批評。不料王作榮參加兩次會議後，第三個月列管小組會議，美援會卻改派性格比較溫和的陶聲洋為代表出席。

當時我們同仁就有聽說王雲五副院長，對尹先生話多、意見多、主張多，與傳統財經官員不一樣，而有所不滿；再加上王作榮的認真負責列管，也不合他的口味，而要美援會換人出席。後來因出席者都不認真檢討，改為不定期召開；一九六三年十二月陳兼院長因胃疾請辭院長，王副院長也離職，列管小組也就無形中結束了。

在尹先生故世後，「十九點財經改革措施方案」有些條款不僅未能按時落實執行，主管機關還在業者及民意代表的要求和壓力下，加添了若干約束，如獎勵投資提高生產力項下的「改善民間投資環境，解除各種管制措施」，並未能認真執行，甚至尹先生推動外

貿改革時，已將許多「管制進口」項目改列為「准許進口」，但後來主管機關加上「限制進口地區」、「限制進口數量」，以及要透過同業公會、相關的公營企業「簽證同意」後，主管機關才發「准許進口證」。這些措施，直到一九八四年俞國華院長就任時，將「經濟自由化、國際化、制度化」列為施政的基本政策之後才取消。如當年所有改革措施都能按既定行程貫徹執行，則台灣的經濟將會更上一層樓。

五、尹先生說「我才走了半步，他人就怪我踹到他的腳上去了」，又說「我不再幹了」

尹先生摯友張九如到尹府看他，請他發表對改革稅制、稅法、稅政與稅風問題的看法，尹先生沉吟了片時說：「我才走了半步，他人就怪我踹到他的腳上去了」，就不再說什麼。張先生儘管轉彎抹角的探問他，他總是欲言又止[54]。據我追隨尹先生多年的經驗，他是勇於任事的人，看到問題沒人處理，他常會出面解決。但主管部門不但不感激他，還認為他多事，侵犯了主管單位的主權。例如一九五〇年他到日本與駐日盟軍洽簽「中日貿易協定」時，我國駐日代表團不但少有協助，且有反諷的論調[55]。因稅制是財政部主管，所以他也不再想發表意見。

又如他不斷寫文章、演講，呼籲要推動政治、經濟、社會及文化的全面改革，就有人批評他「撈過界」。幸好陳副總統召集中央、地方首長及有關官員舉行談話會，親自說明「改善投資環境」，對加速經濟發展的重要，這不僅是財經部門的工作，還需要所有政府部門通力協調共同努力。而且強調這不僅關係經濟前途，更關係國家的前途，為尹先生解圍、加油打氣。

一九六二年五月尹先生偕夫人應邀訪日，經濟部前次長汪公紀陪同擔任翻譯。汪先生在致《傳記文學》月刊創辦人劉紹唐信中，提及陪同尹先生訪日事，信中寫道：「尹先生在訪日期間，交涉各事甚為順利，因而精神極為痛快。……返國後翌日，往外貿會通知其日本已派外務省高級職員來台，洽商貿易透支額增加事，不意竟謂「我不再幹了」。蓋在訪日時，曾與日方池田藏相談及增加貿易透支額五千萬美元，池田藏相慨允，尹因此甚為滿意。惟駐日大使張厲生向陳辭公（辭修為陳誠之號）之報告中，則謂原與日方商洽借貸三億美元之事，為尹之五千萬美元透支案所破壞，三億美元之交涉已不能續談。（筆者按：貿易透支與借款，完全是兩碼事，張大使硬曲解，還告了一狀，實非作人之道），辭修公因此對尹大加斥責，此為弟事後所聞悉者，自此以後尹似始終鬱鬱不樂，以至逝世[56]。」以此例也證實了尹先生所說，踹到別人的腳了。不過，尹先生蒙此不白之冤，雖心有不滿，但他仍勇於任事，到處演講與報告，又硬撐了半年之後而累死，實在令人惋惜！

一般而言，雖有好的價值理念，完美的決策，如果遇到壓力與困難，缺乏決心與毅力去克服就退卻，不能有效執行，都是枉然。而執行層面所遇到的困難，通常比價值面和政策面更多。然尹先生為要達到既定的目標，從不退卻，繼續勇往直前，發揮他「擇善固執」的精神，克服面臨的壓力與困難，使他的決策能貫徹執行，這應是他能夠成功的關鍵所在。

六、尹先生死後還遭排斥

據追隨尹先生多年的祕書張駿，在其撰寫的〈我所認識的尹仲容先生[57]〉文中，指出，尹先生不祇身後淒涼，蓋棺以後竟然還發生過兩件事：

一是在公祭與追悼會的當天清晨，有幾位受過尹先生培植的工商界人士，發起「尹仲容先生紀念基金」，大家紛紛簽名認捐，很短時間就接近了千萬元。治喪委員會的某巨公聽說了，親自去把「尹仲容先生紀念基金」招牌和認捐簿拿開和撕掉，說：「一個政府高級官員豈可接受人民的捐贈！」豈不知如果利用這筆基金，為國家培育人才，有何不可？在尹先生生前，就有獎助清寒學生的心願，逝世時已達八十名。所以尹夫人於尹先生逝世後，在台北中山北路開設花店，以完成尹先生獎助一百名清寒學生的心願。

二是尹先生逝世之後，台灣省議會代表民意，向行政院呈請「公葬」（現在稱為「國葬」）。行政院院會（筆者按：是時陳誠兼院長因胃病請假兩個半月，院會由王雲五代院長主持）討論此案時，某巨公放言堅持不宜開此先例。是日鳴不平而發言之人甚多，蒙藏委員會委員長田炯錦、交通部長沈怡均直言，如有人生前對台灣的貢獻同於尹仲容先生，亦能使人民同樣的請求公葬他，那是我們求之不得的事，是象徵全國人民福祉光榮的事，為什麼不能開此具有鼓舞之例？但是該案最後仍遭擱置。

尹先生生前任職時，為國為民作了許多貢獻，但他的直言、敢言也得罪了不少人，因而不滿和記恨，一有機會就現出爪牙來報復，怎不令人痛心疾首？

第八章　身後哀榮

一、尹仲容先生是累死的

一九五九年二月二十七日尹先生回函老友譚伯羽，說：「迭奉手敬，迄未一答，瑣事栗六，諒蒙曲宥。」可見尹先生忙得連老友來了數封信，他都沒有時間回函，拖了很久才回覆。他在回信的最後一段寫道：「弟近來身體極感不佳，但又說不出患處，大概年久機器失靈也[58]。」其寫「極感不佳」，就表示身體問題很嚴重了，應該去看醫生要設法減輕病況，可是尹先生忙得沒有時間去看病。不久後，又於一九六〇年七月奉命兼任臺灣銀行董事長，當時中央銀行尚未復業，臺銀不僅為省銀行，還代理中央銀行任務，責任更加沉重。於是在尹先生逝世前半年的一九六二年六月，我陪尹先生到陽明山國防研究院，講「美國對華經援趨勢及現況」，講完第一堂課休息時，我發現尹先生站的地方腳下有一灘水，細看居然是血，真的嚇一大跳，趕緊向尹先生報告，下一節課要不要改天再講，他輕鬆的說，沒關係是痔瘡老毛病，繼續講。

尹先生講完後回到辦公室，我立即打電話給副主委辦公室的鄭祕書，告訴他上述情況，要安排時間讓尹先生去醫院看醫生。他說沒辦法，下午三點主持會議，每天都要忙到七點多才回家，醫院已休息了。我再說你要告訴尹夫人勸他看醫生，鄭祕書說尹夫人已一再勸他去看醫生，都安排不出時間。尹先生就這樣硬撐著，半年後到該年（一九六二）十二月二十六日清晨起來，覺得疲倦、頭暈、胃裡很不舒服，是過去從未有過的，這才感覺問題嚴重，去榮總檢查，心想兩、三天就可回來。

榮總初步檢查結果是急性肝炎，要留院治療，住院兩週後又咯血，醫生會診判斷是急性肝炎及肝硬化，因他還有其他宿疾，高血壓、肺結核鈣化、肝細胞壞死、糖尿病及長期失眠，入院檢查後，又發現腹內積水、肝臟擴大，問題愈來愈嚴重。

老蔣總統偕蔣夫人兩度親至病榻前探視，知病情嚴重，囑立刻電請美國內科名醫勃爾特及腸胃科專家巴瑞特來台會診，結果診斷為肝昏迷的前兆，當晚嘔吐體內淤血約半公升，神志漸入昏迷。陳副總統急電加邀香港名醫張光壁大夫來台，為尹先生診治[59]。當陳副總統得知救治無望時，痛心無比，在日記中寫：「豈余失一助手，實國家損失也。任

尹仲容逝世後，於1963年1月30日假極 殯儀館公祭，副總統陳誠及夫人譚祥女士，一早前往致哀。
（圖片來源：聯合報）

勞任怨，今日能有幾人？[60]」結果群醫束手無策，尹先生終於在一九六三年一月二十四日凌晨（即農曆除夕），溘然長逝。尹先生呼吸停止後，心智似未熄滅，眼睛始終未能合攏，經醫師施用手術，他才閉上眼睛[61]。似還在想有很多事未完成，實則他是活活累死的，真是「壯志未酬身先死，留取丹心照汗青」。

老蔣總統在得悉尹先生安息後，當日日記中寫道：「又弱我一革命健兒矣！」因第二天即是春節，陳副總統哀痛得在其日記中悲呼：「春節，春節，今春如何過？[62]」真情流露。許多報紙連夜改版，將尹先生逝世的消息刊登在當日報紙頭版頭條，全國同胞知悉後都哀痛不已。

二、身後哀榮

當年台灣日報晚報共有九家，為了悼念尹先生的遽爾謝世，共寫了社論、短評及特寫二十一篇，其中《聯合報》寫了六篇，《徵信新聞》、《新生報》各寫三篇，寫兩篇的有《中央》、《公論報》及《民族晚報》等。各報為悼念這位偉大的財經首長，寫了一兩篇都還不能盡其言，竟寫了三及六篇之多。一位部會首長之死，所有報刊如此的關懷與悼念，是過去從未有過的現象，也顯見尹先生生前為國為民操勞，已深入民心。

一九六三年一月三十日為尹仲容先生的追思禮拜，美援會同仁都自動於六時左右即到極樂殯儀館照顧，因收到的輓聯近六百幅，幛軸兩百多幅，靈堂都掛滿無法容納，也有幾百幅掛到靈堂外。八時追思禮拜才開始，不到七時半靈堂裡外都擠滿了悼念的人，陳副總統夫婦早到場，一言不發的哀容滿面，痛心失去得力的左右手。我們所有同仁都忙著佈置、照顧，但更為失去大家所敬仰的長官而痛心疾首。

尹先生遺體停柩於靈堂正後方，其前設案供尹先生遺容，堂中恭懸總統頒題「忠勤

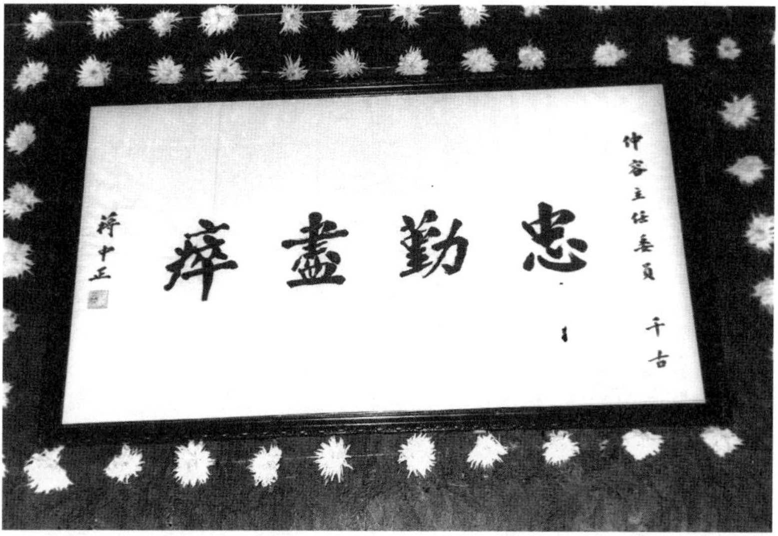

尹仲容逝世後，蔣總統頒賜輓額。
（圖片來源：中央社）

盡瘁」輓匾。八時正追思禮拜開始，由周聯華牧師證道，沈怡報告尹先生生平事略，他的講詞充滿了真情的流露，既簡練、扼要，也極為動人，美麗淒涼得像一篇詩章，使在場的人無不淚流滿面。沈怡的講詞值得錄下，讓後人了解我們政府曾有一位為國為民謀利的偉大人物及學習的榜樣。

沈怡講述的內容：「……謹將仲容兄的學問、道德、事業，以及他的為人，概括的作一番敘述，希望用這個方式來讚美他偉大的一生。」

「先講仲容兄的學問：他是一個受新教育的人，但他在舊學方面造詣極深。他學的是電機工程，但他的成就卻在經

尹仲容逝世公祭，總統蔣中正及夫人蔣宋美齡女士親臨弔祭。
（圖片來源：國史館）

濟方面。這在一般說來，是難以想像的，但這也正好說明他學問的淵博，才會這樣觸類旁通。

其次論仲容兄的道德修養：這亦是如其學問，兼中西新舊之長，他事父母孝順，處家庭和睦，待朋友厚道，這都是東方的美德。同時他嫉惡如仇，是與非絕無妥協餘地，這正是時代的需要。

再說仲容兄的事業成就：看得見的是臺灣今日的經濟基礎，乃由他一手奠定，還有看不大見的，更重要的，是為天地立正氣。

然後說到仲容兄的為人：他很有鋒鋩，說話不留餘地，卻又待人甚厚，肝膽而有義氣。

他不大肯服輸，卻又從善如流。他有擔當，說到做到，敢作敢為，卻絕不是蠻幹，而是合理的，『一以貫之』的幹。

他是一個懂權術，而從不玩手段的人。他也是一個有高度智慧，而從不用小聰明的人。

一位如此剛強的人，卻寫得一筆秀麗的字，做得一手好文章，此猶其小焉者而已。像這樣的人，如天假以年，不知貢獻更將多大？即使只活到現在為止，如能盡量發展其抱負，貢獻亦絕不止此。

但人必有一死，蕭伯納嘗說：『他忙碌得不想到死，他為生活的目的而欣賞。生活不是殘燭，而是光亮的火炬。把握著這一剎那，要使它盡量發光，移交給後一代！』

這一點，仲容兄是做到了。

在仲容兄一生中，有一段時間，受的打擊很是不小。若在他人，很容易就此消極了，但仲容兄則不然。不但不消極，跌倒依然站起，顯得比過去更是勇往直前。

現在只怕好人沒勇氣！他是有勇氣的好人，他是個積極的好人。他生前忙碌得不想到死，就是一直到最後，他何嘗想到死？

他的一生真如光亮的火炬，這是移交給後一代最好的榜樣。

他嘗集句，請朋友寫成對聯：『豈能盡如人意，但求無愧我心』。

從他去世以後社會上的一切反應看來，大可告慰仲容兄在天之靈。

只是太可惜了，為什麼一定要等到人過去了，才來想念他？讚美他？

仲容兄！我們將從此不再見到你的音容笑貌，但願：你的精神，你的正氣，永留人間，滲透人間。安息吧，仲容兄！你是無愧此生！無所負於國家社會了！[63]」

九時公祭開始，老蔣總統偕夫人親臨致祭，並至靈幃慰唁家屬。參加公祭者有政府機關、工商團體、親族友好，及素不相識但敬仰仲容先生為人的一般民眾，超過五千人，備極哀榮。

公祭完畢後，隨即發引出殯，執紼者千餘人，送殯大小車超過四百輛，送殯行列達三公里，沿途民眾有設路祭致敬者，靈柩於下午三時到達陽明山第一公墓暫厝。我們美援會同仁提前趕到陽明山公墓，以便迎接來賓，沒想到陳副總統夫婦已先到達，準備迎靈獻花。我與王昭明兄陪伴陳副總統時，聽到他自言自語的說：「讓你身兼三職，是為了讓你好做事，沒想到把你累死了。」陳副總統淚流滿面，極度哀痛，我們也都流淚不止。當時正是台北最冷的天氣，加於陽明山的寒風逼人，我們知道陳副總統身體一向不佳，坐在涼亭內，實在受不了，勸他到屋裡坐，他不肯，硬撐到尹先生靈柩到達獻花，家屬復向靈柩祭拜，此時送葬的人，擠滿了陽明山墓地，大家均含悲行禮辭靈，寒風殘照，一位時代巨人就此長眠矣。

尹先生過世的訊息傳到國內外，除前述各報的悼念文字外，收到的輓聯五百九十二幅，唁函唁電六百〇六件，包括日本前首相岸信介、日本政府官員及工商界人士近二十件，祭文、輓詞、幛軸禮箋兩百五十一件，以及各國政府官員及工商人士英文弔唁文電八十件，合計一千六百〇九件，尹先生的國內外友人，都為他的去世痛惜、悼念！

這十多年來一直重用尹先生、完全授權尹先生，全力支持尹先生的陳誠副總統，其悼念尹先生的輓聯寫道：

「是瞻識猷守兼具之才，並世難逢，每念運籌多至計
為國家鞠躬盡瘁而死，中興未半，何堪揮淚哭斯人」[64]

尹先生之死，陳副總統痛心疾首，今人不捨！

蔣總統也明令褒揚，令曰：「……尹仲容資性剛毅，志慮忠純，自部漕洊贊樞要，幹濟有聲，歷任……胥能竭慮殫精，善為規劃發展工業建設，更多成就，改革外匯貿易，厥功尤偉。綜其生平，忠以謀國，孝以事親，好學深思，長才自奮，於艱難之際，為台

灣經濟開創新局，弼成生聚，戮力復興，嘉厥猷為，正深倚畀，遽聞溘逝，震悼良深，應予明令褒揚，以彰忠藎。」[65]

由於尹先生謀國之忠、憂國之深，均出自肺腑，自然流露，使人感動不已。因此在他逝世之後，所有報刊社論、專欄、特寫及各界人士的悼念文章，蜂擁而至，大家都在紀念他、懷念他、讚美他。他獲得「愛國主義者」、「台灣經濟的領航人」、「民族工業之父」，以及「中國的歐哈特[66]」等榮銜。

這些均可告慰尹先生在天之靈，但誠如沈怡在其生平中所說：「只是太可惜了，為什麼一定要等到人過去了，才來想念他？讚美他？」

最後綜觀尹先生事業，都與中華民國經濟發展有關。自一九四九年六月參與生管會工作以後，至一九六二年十二月入榮總醫院檢查止，政府推動的所有重要經濟改革、政策與建設等，幾無一不有尹先生辛勞與血汗在內。在他的努力下，經濟穩定快速成長，人民所得提高，生活水準改善，但誰曾知道尹先生為實現這些目的，貢獻了自己的生命。他不是不知道工作負荷，已超出他身心所能的負擔，而日趨衰弱；也不是不知道要看醫生，衹是痛國家太窮、國步維艱，奮其孤忠，報效國家，他忙碌得不想到死（蕭伯納語），早置生死於度外（老蔣總統語）。所以就醫檢查結果，全身是病，肝肺俱裂「鞠躬盡瘁，死而後已」，尹先生真是當之無愧。可貴的是尹先生偉大的人格精神，不會隨人而去，留予後人美好的典範，將永不消失。

今年是尹先生逝世六十周年，還有年輕人懷念他來拜訪我，想了解尹先生生平事蹟，對國家社會做了哪些貢獻，祇因他們現在看不到國家前途而憂。近三十年來台灣經濟每況愈下，執政當局不僅拿不出高瞻遠矚，使台灣經濟能起死回生的改革政策，連工商界及外資企業不斷呼籲的六缺——指缺水、缺電、缺工、缺地、缺人才，以及工業廢棄物處理能力不足，已五、六年了都未能解決，而且問題愈來愈嚴重。還有一個電價要不要漲，如何漲？討論了兩年都未能定案，使台電虧損了五千多億元，用全國老百姓的血汗錢，補貼大量用電的人。最近竟然又發生「缺蛋」，雞蛋是家家戶戶每天要吃的生活必需品，超市、傳統市場都買不到；一旦有供應，還要排隊採購，近半年了執政當局都提不出解決之道，簡直是「荒唐」，國際級笑話。

現在我國正需要勇於任事，能當機立斷、解決疑難雜症的尹先生，可是，何處才能覓到第二位「尹仲容」？

跋

「經濟發展」第一本入門書的出版——三位功臣葉萬安、王作榮、尹仲容

高希均

(一)台灣有一天也能

我的一生分散在三個世界:江南的童年、台灣的青少年、美國的成年;晚年又回到台灣落葉歸根。

前二十三年在中國文化思維下所學、所思、所見、所聞,全是中華的、中式的。

儘管在西方人的眼中,那是一個貧窮的土地、一個分裂的國家、一個落後的民族、一個保守的文化;但是在台灣成長的那一代年輕人卻都胸懷壯志。

美國大學的一份助教獎學金改變了我的一生。一九五九年一個清寒的眷村子弟居然可以出國讀書,天下再也沒有不可能的事。

九月到達南達科達州立大學校園，眼前出現的，就是一個夢寐以求的讀書環境；住在一位慈祥熱心老太太的二層樓洋房中，所有那時在台灣嚮往的現代化設備——從電話、冰箱到電視，我都可以享用。

人間真有這樣開放、自由與富裕的國家。

從那一刻開始，更堅定了志向：要使自己的國家變得開放、自由與富裕。

我興奮！我夢想！美國能，台灣有一天也能。

（二）研讀「經濟發展」

一九六〇年代，在美國大學的經濟系中，討論落後國家的經濟成長，變成了顯學；這就是「經濟發展」（Economic Development）學科的興起。它變成了我的啟蒙以及終身研讀的領域。

對「經濟發展」二年的研讀，突然覺得有些領悟。除了修經濟系課程，我也修了社會系與政治系的課。儘管開始時吃力，但慢慢地能體會到社會科學之間的相關性。

愛護我的美國教授給了我很多難得的機會：帶我參加學術年會、幫他們出考題、改考卷、計算研究資料、擬定問卷、代他們上課、到當地的民間團體做一些對有關中國的簡短介紹。

每一個新經驗都要準備，都有些緊張，但都有收穫。二年的專心學習，與生活上的逐漸融入美國社會，使我相信已可以立足美國。

(三)「知識內流」的嘗試

一九六〇年代的台灣，平均每人所得不到一百美元，一個典型的落後地區。每月寄四十美元給雙親時，他們就變成了眷村的「最高收入」者。

從《中央日報》的航空版，從父親及友人的信中，我每一次都被那股台灣社會奮發上進的生命力所感動。政府與民間都有信心：台灣很快就會富起來！

月光洒地，深夜踏雪走回住處，寒風刺骨。內心出現了可以預見的掙扎：是來「留學」？還是「學留」？是要學成歸國？還是落地生根？

終於想出了一個折衷的辦法：人才外流聲中的「知識內流」。

居然在二十五歲，自己就做了一次實驗。

我決定在一九六一年春天修完碩士，九月在密州大讀博士入學前三個月，試寫一本關於經濟發展的入門書。

八月底寫完了十萬字，共分四部十五章。是以西方的學理及經濟發展政策為主軸，提供給當時政府及學術界參考。但是文稿要寄到哪裡？書能有機會出版嗎？想到在《中央日報》航空版常讀到政府首長尹仲容對台灣經濟發展的看法，十分深刻動人。經查證他是美援運用委員會副主任委員（陳誠是主任委員），擔任過經濟部長、台銀董事長等職位，就決定嘗試寫信向他請示是否值得出版。一個多月後，尹主委回信中告知，已通過審查，會在次年（一九六二）由美援會出版。這當然對一個還在讀書的研究生極大的鼓勵。

多年後，意外地收到前輩王作榮先生寄來的一個厚信封，赫然見到那本《經濟發展導論》，在扉頁上作榮先生寫著：「此應為高希均兄之第一本經濟著作，對於著名經濟發展理論及促進經濟發展之相關因素，均有精要之分析，已充分顯示出作者見解深入犀利，能綜合眾議，掌握重點之風格，雖距今已二十八年，仍值得研究此一問題之學者及決策官員細讀。作榮時任美援運用委員會參事兼經濟研究中心主任，負責此書之編輯出版，爰綴數語，以資紀念。王作榮　一九九〇年元旦」（參閱手稿）

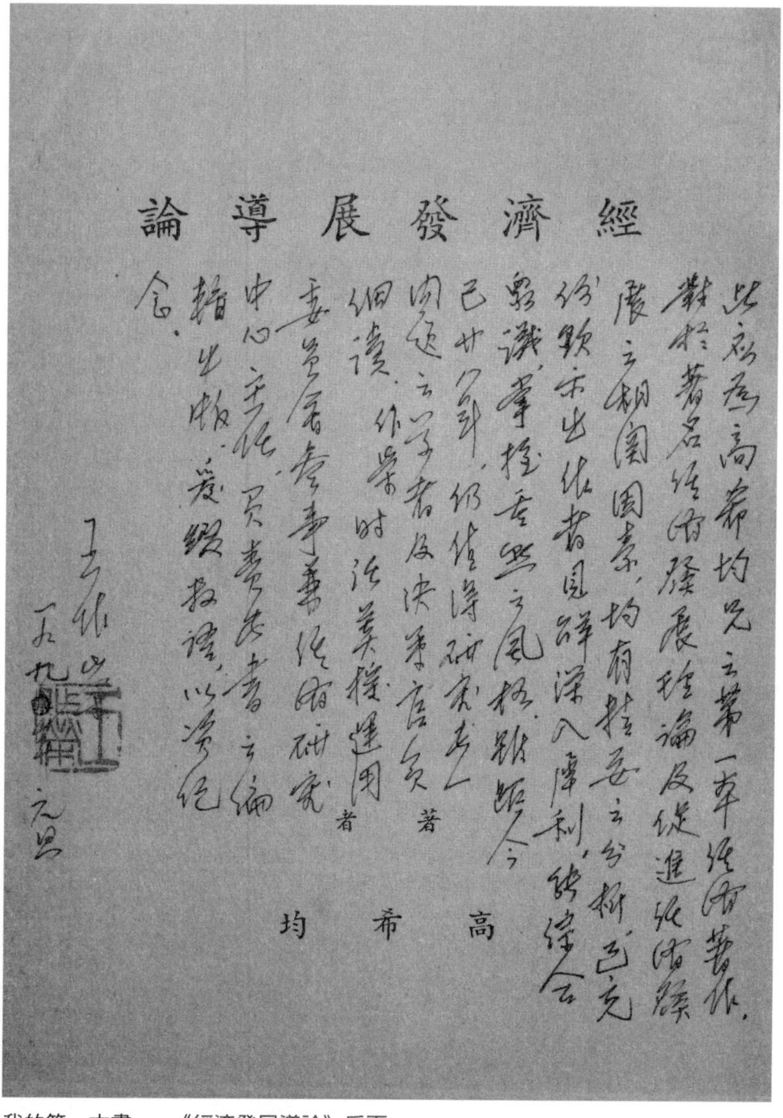

我的第一本書——《經濟發展導論》扉頁。

同樣使我心存感激的是，因為近日出版葉萬安先生所撰述的尹仲容先生新著，他在信中告訴我當年（一九六二）是他第一位看到《經濟發展導論》書稿，看完後就向經濟中心主任王作榮推薦此書，再經尹副主任委員批示，以尹副主任委員之名，回覆同意出版，以示鄭重。

這二位審稿的前輩，及批示的尹副主任委員，都是六十年來對台灣經濟發展奠定基礎有特別貢獻的官員。自己這個小故事，或許可讓讀者知道：在他們繁重的公務中，出版一本研究生的投稿，都受到他們的關注及鼓勵。

附言：

在人才外流中，推動知識內流的另一項努力，是結合台美二地年輕學者，共同撰稿。因此身在國外，就主編過二本文集：（1）一九七三年學生書局出版：《美國人文及社會科學論文集》；（2）一九七六年聯經出版：《教育經濟論文集》。一九八二年後自己與二位政大新聞系畢業的傑出校友王力行與張作錦，共同創辦了「天下文化」，到目前已出版四千餘種推動進步觀念的書，常被譽為「台灣社會進步中的民間推手」。

註釋

1、郭逢耀、崔洲英、林明姿、鍾靜宜〈民國二十六年至三十九年台灣地區國內生產毛額之推估〉，一九四〇年代台灣情勢研討會報告，一九九七年三月。
2、《台灣物價統計月報》第五十三期，一九五〇年五月台灣省政府統計處編印。
3、徐柏園《外貿會十四年》，一九六九年五月，外貿會編印。
4、此節內容部分參考：
（1）尹仲容〈臺灣生產事業的現在與將來〉，一九五二年一月，《我對臺灣經濟的看法全集》初編第七－二〇頁，美援會編印。
（2）張駿《創造財經奇蹟的人》第三九－八一頁，一九八七年二月，傳記文學出版。
（3）邱七七《但永無愧我心：尹仲容傳》第一四－二三頁，一九八八年六月，近代中國出版社。
5、嚴演存《早年之台灣》第五三－五四頁，一九九一年四月，時報文化出版。
6、葉萬安〈台灣工業發展政策的研討與實施〉，中央研究院經濟研究所舉辦之「台灣工業發展會議」報告第七二七－七五五頁，一九八三年三月十八－二十二日。

7、同4，《尹仲容傳》第一四一一二〇頁。
8、黃人杰〈尹仲容先生對我國工業之永久貢獻〉，《尹仲容先生紀念集》第二二〇一二二二頁，原文曾於一九六三年十月刊登於《工商月刊》。
9、同5，《早年之台灣》第五五頁。
10、同4，《尹仲容傳》第四四頁。
11、同5，《早年的台灣》第五五一五六頁。
12、葉萬安〈我國經濟建設計畫的設計與檢討〉，張果為主編《台灣經濟發展》第二五一一二八六頁，一九六七年九月，正中書局。
13、〈為台灣工業建設鋪路：介紹工業委員會及其工作〉，《自由中國之工業》月刊，第三卷第二期，第二九一三〇頁，一九五五年二月。
14、同5，《早年之台灣》第六四一七〇頁。
15、同4，《尹仲容傳》第五六頁。
16、該節部分內容係中華開發信託公司前董事長張家祝提供。
17、W. A. Yeh: Actual Exchange Rate under The Measures For Promoting Export Sales of Products Procured with Import Raw Materials，工業委員會財經組油印本。
18、同13，第二八頁。
19、同13，第二八一二九頁。
20、趙既昌《美援的運用》第一五一一一五二頁，一九八五年六月，聯經出版公司。

21、同4，《尹仲容傳》第五九頁及同13第二九頁。

22、本節參考：

（1）同4，《尹仲容傳》第六〇—七二頁。

（2）王昭明《王昭明回憶錄》第四三—四五頁，一九九五年六月，時報文化出版公司。

（3）沈雲龍編著《尹仲容先生年譜初稿》，第二六四—三五四頁，一九七二年十二月，傳記文學出版社。

23、同4，《尹仲容傳》第七五—八七頁。

24、中央研究院研究員瞿宛文所著《台灣戰後經濟發展的源起》書中第二六四頁，提到「此次改組工業委員會只有主要的『十二位』人員移到美援會」，她附註說明資料來源取自陳怡如一九八八年《行政革新與台灣財經組織之變遷》（民國四十二—四十七年，中央大學歷史所碩士論文）。我是當事人之一，根據民國四十七年美援會改組後的職員名錄，正式納入美援會編制的是二十二人，另有附屬出版計畫的有四人，合計工業委員會職員移轉到美援會的是二十六人，不是十二人。

25、此部分係當年（約一九七五年），經設會主任委員張繼正，與我討論有關經濟問題時，親口對我說的。一九五七年冬經安會祕書長尹仲容，為參加「外貿改革九人小組」，係極機密，當時王作榮赴美進修。尹先生特邀他可信賴的工業委員會專門委員張繼正為其助理，將尹先生在外貿改革小組會議，歷次發言整理撰寫成一套完整的改革方案，提報召集人裁決。所以他對外貿改革研討的過程，有相當的了解。

26、同20，《美援的運用》第一七—二一頁。

27、陳副總統致詞初稿，係美援會所撰擬，所以李祕書長簡報內容，可與其相呼應。而我在會場為李祕書長簡報抽換，是唯一的旁聽者。

28、葉萬安〈我國實施獎勵投資條例的背景及其實施要點〉，法務部司法人員訓練所法務人員研習班演講稿，油印本一九八二年二月二十六日。

29、劉敏誠、左洪濤《改善投資環境》，一九八三年六月，聯經出版公司。

30、投資小組經費，係美援會申請「中美相對基金」支持。

31、《台灣全記錄》（約一五〇〇〇B.C—一九八九A.D），一九九〇年五月，錦繡出版公司。

32、「陳誠先生從政史料選集——行政院美援會議記錄」，二〇〇九年四月，國史館。

33、同8，《尹仲容先生紀念集》第二六四頁。

34、當時（一九六〇年八月），社會上大家所熟知的，是唐榮鐵工廠以月息三分（複利年息四二％）吸收員工及外界存款，當盈餘不足，新存款減少，每月利息付不出，存款人紛紛來提存款，致周轉不靈而停工，向政府申請救濟。行政院於一九六〇年十一月，依據「國家總動員法」，暫時凍結唐榮的債務，指示委託「中華開發信託公司」暫時代管，維持唐榮鐵工廠的業務，並監督其恢復開工，最後由政府改為公營。

35、（1）同4，《尹仲容傳》第一一八—一二三頁。

（2）尹仲容《我對臺灣經濟的看法全集》三編第二〇—三九頁，一九六三年三月美援會編印。

36、同35之2，該文並未發表，後收錄於《我對臺灣經濟的看法全集》續編第一二五頁。

37、同31，《台灣全記錄》第四六一頁。

38、同8，《尹仲容先生紀念集》第二五七頁。
39、同4，《尹仲容傳》第一一一—一一二頁。
40、葉萬安〈台灣經濟奇蹟的推手——李國鼎〉，編入《百年仰望：二十位名人心目中的民國人物》，二〇一一年三月，第三四六—三四七頁，遠見天下出版公司。
41、同4，《尹仲容傳》第六五及七七頁。
42、同32，《陳誠先生從政史料》第九五〇—九五六頁。
43、葉萬安〈懷念前總統嚴家淦〉，《旺報》兩岸史話專欄，二〇一四年十月十二—二十五日。
44、葉萬安〈美國在台早期經濟發展中扮演的角色〉，原係參加美國在台協會於二〇一一年十二月二日在台北舉辦之「美國人在台灣的足跡」一九五〇—八〇年國際研討會演講稿補充之後，刊載於《傳記文學》第一一一卷第四期，二〇一七年十月號。
45、邢慕寰〈尹仲容先生與我的一段交往——早期自由經濟觀念的溝通〉，原載《傳記文學》一九八六年六月號，後收錄於邢慕寰《台灣經濟策略》第二三七—二四二頁，一九九三年三月，三民書局。
46、（1）吳惠林、彭慧明《蔣碩傑傳：奠定臺灣奇蹟的自由經濟導師》第一二一—一三頁，二〇一二年十月十九日，天下遠見出版公司。
（2）〈蔣碩傑先生訪問紀錄〉第七九—八〇頁，一九九二年十二月，中研院近代史研究所。
47、邢慕寰〈一本書造就了尹仲容〉列入《蔣碩傑先生悼念錄》第一二二—一二五頁，一九九四年三月，中華經濟研究院。

48、王作榮《經濟學說與經濟現實》，原載一九八一年四月十七日《中國時報》，後收錄於《財經政策大辯論》，一九八二年十一月二十日，時報文化出版。
49、葉萬安〈決策官員的風範〉，《聯合報》民意論壇，二〇〇一年九月七日。
50、同8，《尹仲容紀念集》第二〇三頁。
51、同4，《尹仲容傳》第一六一頁。
52、瞿荊洲《到經濟自立之路》第十九頁，一九八七年三月，中國經濟月刊出版社。
53、同5，《早年之臺灣》第六六頁。
54、沈雲龍《尹仲容先生年譜初稿》第四八七－四八八頁，一九七二年十二月，傳記文學出版社。
55、同4，《尹仲容傳》第一四九頁。
56、同4，《創造經濟奇蹟的人》第一〇〇頁。
57、同4，《創造經濟奇蹟的人》第九五－九六頁。
58、同54，《尹仲容先生年譜初稿》第四八七－四八八頁。
59、同4，《尹仲容傳》第一五四－一五七頁。
60、沈珮君〈親愛的尹仲容先生〉聯合報聯合副刊，二〇二〇年一月十九－二十一日。
61、同60，〈親愛的尹仲容先生〉。
62、同60，〈親愛的尹仲容先生〉。
63、同8，《尹仲容先生紀念集》第三九－四〇頁。
64、同8，《尹仲容先生紀念集》第六五頁。

65、同54，《尹仲容先生年譜初稿》第六七八頁。

66、歐哈特係西德二次大戰後經濟部長，他在戰後將西德從戰爭廢墟中復興起來，恢復戰前盛世，使其國家仍能稱雄世界而聞名。

在尹先生過世後，有報刊及工商界人士稱讚尹仲容是「中國的歐哈特」。但據我的了解，西德在二次大戰前，即是工業國家，戰後的復興與進一步發展，其困難度較我國為低。尹先生不僅要將我國從廢墟中重建，更要將台灣從農業社會提升到新興工業國家。因此，我認為尹仲容先生對國家之貢獻，遠在西德的歐哈特之上。

參考文獻

1、尹仲容《我對臺灣經濟的看法》，一九六三年三月，美援會編印。

2、《尹仲容先生紀念集》，一九六三年，尹仲容先生治喪委員會編印。

3、王作榮〈經濟學說與經濟現實〉，收錄於《財經政策大辯論》，一九八二年十一月二十日，時報文化出版。

4、王昭明《王昭明回憶錄》，一九九五年六月，時報文化出版。

5、《台灣全記錄》（約一五〇〇〇B.C—一九八九A.D），一九九〇年五月，錦繡出版公司。

6、邢慕寰〈尹仲容先生與我的一段交往——早期自由經濟觀念的溝通〉，收錄於邢慕寰《台灣經濟策論》，一九九三年三月，三民書局。

7、吳惠林，彭慧明《蔣碩傑傳：奠定臺灣奇蹟的自由經濟導師》，二〇一二年十月十九日，天下遠見出版公司。

8、沈珮君〈親愛的尹仲容先生〉，二〇二〇年一月十九—二十一日，《聯合報》副刊。

9、沈雲龍編著《尹仲容先生年譜初稿》，一九七二年十二月二十六日，傳記文學出版社。

10、邱七七《但求永無愧我心：尹仲容傳》，一九八八年六月，近代中國出版社。
11、徐柏園《外貿會十四年》，一九六九年五月，外貿會編印。
12、《陳誠從政史料選輯—行政院美援運用委員會會議紀錄》，二〇〇九年四月，國史館。
13、郭逢耀、崔洲英、林明姿、鍾靜宜〈民國二十六年至三十九年臺灣地區國內生產毛額之推估〉，一九四〇年代台灣情勢研討會報告，一九九七年三月。
14、張駿《創造財經奇蹟的人》，一九八七年二月，傳記文學出版。
15、葉萬安〈台灣工業發展政策的研討與實施〉，收錄於中央研究院經濟研究所之「台灣工業發展會議」報告，一九八三年三月十八—二十二日。
16、葉萬安〈我國經濟建設計畫的設計與檢討〉，收錄於張果為主編之《台灣經濟發展》，一九六七年九月，正中書局。
17、葉萬安〈我國實施獎勵投資條例的背景及實施要點〉，法務部司法人員訓練所法務人員研習班講稿，一九七八—八二年油印本。
18、葉萬安〈台灣經濟奇蹟的推手——李國鼎〉，編入《百年仰望：二十位名人心目中的民國人物》，二〇一一年三月，遠見天下出版公司。
19、葉萬安〈懷念前總統嚴家淦〉，二〇一四年十月十二—二十六日，《旺報》兩岸史話專欄。
20、葉萬安〈美國在台早期經濟發展中扮演的角色〉，原係參加美國在台協會於二〇一一年十二月二日在台北舉辦之「美國人在台灣的足跡——一九五〇—八〇年國際研討會」講稿，補充後刊載於《傳記文學月刊》，二〇一七年十月號。

21、劉敏誠、左洪濤《改善投資環境》，一九八三年六月，聯經出版公司。
22、《蔣碩傑先生訪問紀錄》，一九九二年十二月，中央研究院近代史研究所。
23、《蔣碩傑先生悼念錄》，一九九四年三月，中華經濟研究院。
24、趙既昌《美援的運用》，一九八五年六月，聯經出版公司。
25、瞿宛文《台灣戰後經濟發展的源起：後進發展的為何與如何》，二〇一七年一月，聯經出版公司。
26、瞿荊洲《到經濟自立之路》，一九八七年三月，中國經濟月刊出版社。
27、《自由中國之工業》月刊，一九五五年二月，工業委員會出版。

附錄

尹仲容生平與台灣大事記年表

年分	尹仲容生平	台灣大事記
一九〇三年四月	出生於江西南昌（原籍湖南）。	
一九一二年一月		中華民國政府成立。
一九二五年	自上海南洋大學（國立交通大學前身）電機系畢業。因成績優異，保送進入交通部工作。	
一九三六年	進入中國建設銀公司任職，主持民營給水與電力投資相關事業。	
一九三七年七月		中日戰爭爆發。

一九四〇年春	至美國紐約出任資源委員會國際貿易事務所美國分所所長。兼任軍用物資採購團器材組長。	
一九四五年八月		中日戰爭結束，國民政府接收台灣。
一九四六年	入行政院襄助院長宋子文，策畫戰後生產與交通之恢復。	
一九四九年四月	於春季來台	實施三七五減租。
一九四九年六月	出任台灣區生產事業管理委員會常務委員，後出任副主任委員。	台灣區生產事業管理委員會成立。
一九五〇年五月	赴日與日本商談簽定中日貿易協定事宜。	
一九五〇年十一月	兼任中央信託局局長。	
一九五一年六月		實施公地放領。
一九五三年一月		實施耕者有其田政策。
一九五三年七月	出任行政院經濟安定委員會委員。	行政院經濟安定委員會成立（簡稱經安院）。生管會結束。

一九五三年九月	兼任經安會工業委員會召集人。	工業委員會成立。
一九五四年六月	出任經濟部長，並兼任中央信託局局長，與工業委員會召集人。	
一九五五年三月	因「揚子公司案」請辭，予以慰留。	
一九五五年十二月	再辭獲准。	
一九五六年二月	「揚子公司案」獲判無罪。	
一九五七年八月	恢復公職，出任行政院經濟安定委員會委員兼祕書長。	
一九五八年三月	出任外貿會主任委員，推動外匯貿易改革。	外貿會改組。經安會撤銷，改組美援會。
一九五八年七月	出任美援會副主任委員。	
一九五八年八月		八二三炮戰。
一九五九年八月	美援會成立「八七水災中美聯合善後小組」。	八七水災。

一九五九年十二月	美援會綜合美方與國內意見，提出「加速經濟發展計畫大綱」及「十九點財經改革措施」。	
一九六〇年七月	兼任臺灣銀行董事長。	
一九六〇年九月	頒布「獎勵投資條例」。	
一九六一年至一九七二年		經濟高度成長，同時維持物價穩定，締造台灣經濟奇蹟。
一九六三年	因肝病辭世。	

社會人文 BGB573

台灣經濟奇蹟的奠基者 尹仲容

作者 — 葉萬安
封面書法 — 杜忠誥

總編輯 — 吳佩穎
社文線副總編輯 — 郭昕詠
責任編輯 — 郭昕詠
特約編輯 — 何光森
封面設計 — 張議文

出版者 — 遠見天下文化出版股份有限公司
創辦人 — 高希均、王力行
遠見・天下文化 事業群榮譽董事長 — 高希均
遠見・天下文化 事業群董事長 — 王力行
天下文化社長 — 林天來
天下文化總經理 — 鄧瑋羚
國際事務開發部兼版權中心總監 — 潘欣
法律顧問 — 理律法律事務所陳長文律師
著作權顧問 — 魏啟翔律師
社址 — 臺北市 104 松江路 93 巷 1 號
讀者服務專線 — 02-2662-0012 | 傳　真 — 02-2662-0007；2662-0009
電子郵件信箱 — cwpc@cwgv.com.tw
直接郵撥帳號 — 1326703-6 號　遠見天下文化出版股份有限公司

電腦排版 — 立全電腦印前排版有限公司
製版廠 — 東豪造像股份有限公司
印刷廠 — 柏晧彩色印刷有限公司
裝訂廠 — 聿成裝訂股份有限公司
登記證 — 局版台業字第 2517 號
總經銷 — 大和書報圖書股份有限公司　電話／ (02)8990-2588
出版日期 — 2023 年 12 月 20 日第一版第 1 次印行

定價 — 480 元
ISBN — 978-626-355-552-5 | EISBN — 9786263555402 (EPUB)；9786263555419（PDF）
書號 — BGB573
天下文化官網 — bookzone.cwgv.com.tw

國家圖書館出版品預行編目(CIP)資料

台灣經濟奇蹟的奠基者 : 尹仲容 / 葉萬安著. -- 第一版. -- 臺北市 : 遠見天下文化出版股份有限公司, 2023.12
面；　公分. --（社會人文 ; BGB573）

ISBN 978-626-355-552-5（平裝）

1.CST: 尹仲容 2.CST: 傳記 3.CST: 臺灣經濟 4.CST: 經濟發展

783.3886　　112019871